仮想通貨 アトムコインの秘密

賢い人からはじめてる、仮想通貨投資術

ペーター・ラン◉著
(株)アドバンス◉監訳

ATOMCOIN

LUFT
メディアコミュニケーション

はじめに

こんにちは。

アルファライン・インターナショナル・リミテッド社長のペーター・ランです。

私はツアーコンダクターを長年してきました。

仕事を通じて世界中の方々と交流をもつことができ、様々な情報が入ってくるようになりました。

おかげ様で ビットコインも早いタイミングで情報が入ってきました。はじめて聞いたとき、斬新なアイディアにワクワクしたのを覚えています。

仮想通貨の出現でこれから世界は大きく変わっていきます。

世界各国の人たちが国境の壁、通貨の壁を越えて、自由にやりとりができるようになり、ますますすべての人が望むことを叶えられる時代になりました。

世界から貧困をなくし、戦争をなくし、平和な世界をつくるために、Ｇクラウドは

ATOMCOIN

存在します。
弊社の企業理念は「チャンスの提供」です。世界中の方々にチャンスを提供し続ける企業であり続けます。

ビットコインやアトムコインは総量が限られています。

地球上に存在するすべてのモノには限りがあります。

無限なモノはひとつだけです。

それは人間の可能性です。

本当に価値があるものは、ビットコインでもアトムコインでもドルやユーロでもなく、人間の可能性です。

1人のひらめきが世界を変えます。

そのひらめきを世界へ発信できる場所が必要です。
是非、成長していくGクラウドを見守ってください。

ペーター・ラン

＊＊＊＊＊＊＊＊＊＊

本書は、２０１５年に日本でスタートする、Gクラウドという事業、そして、そこで誕生する新しい仮想通貨、アトムコインについての知識を、分かりやすく解説したはじめての本です。

日本の経済は厳しい状況が続いています。20年以上前に起こったバブル崩壊、それに追い打ちをかけるような金融破たん、そしてリーマンショック、これでもかと波状的に迫る危機に加え、東日本大震災という未曾有の天災。日本は幾度も立ち直りを模索しながら、いまだにその苦しさから脱却することができません。

アベノミクスによって、数十年先の経済復興を目指した政策が進められていますが、経済はそんなに簡単に好転はしません。この効果による恩恵を私たち庶民が享受できるのは、まだまだ先のことになりそうです。

今の日本の国力低下を客観的に見れば、世界から見て日本円の力が弱まる、つまり資産が目減りするということは、決して想像の世界ではなくなってきているのです。私たちが毎日頑張って貯めてきた資産は、どうすれば賢く守ることができるでしょうか。人生を幸せに生きるために、どう活用すればよいのでしょうか。

本書はその問いに、ひとつの答えを示しています。

本文でくわしく解説しますが、仮想通貨「ビットコイン」は、世界経済に大きな衝撃を与えました。国籍をもたず、特定の国家の浮沈に左右されない、世界中の人が利用する基軸通貨。そしてそれは21世紀の大発明にふさわしく、インターネットを広く活用することで可能になった仕組みでした。

一時期、ある取引所の不正問題が取り上げられたことで、ビットコインの負の風評が取り上げられましたが、その後もビットコインは不動の人気を集め、安定的な価値をもつ通貨として成長を続けています。

時代は変わったのです。リアルの不動産や外貨預金と並んで、これら仮想通貨で資産をもっておくことも、資産運用のかしこい選択肢のひとつとして認識され始めているということです。

私たちは、そこからさらに進んで、世界でより広く流通し、価値を高める通貨とはどのようなものかを徹底的に研究しつくしました。その結果生まれたのが、仮想通貨アトムコインであり、Gクラウドです。

日本で事業を開始したことには揺るぎない理由があります。日本だからできる、世界に誇れるビジネスを生かして、世界に発信していく。世界を納得させて成長を続けるためには、これは不可欠な要素です。その全貌を本書で明らかにしていきます。

アトムコインの「アトム」は「原子」を意味します。この一粒のビジネスシーズがいずれ大きくなり、世界を席巻する大事業になることを期待しています。

本書を読んで、より多くの方にアトムコインとGクラウドの魅力を知っていただき、その喜びをシェアできることを心から願っています。

監訳者　株式会社アドバンス

目次

第2章　事業投資としてのアトムコイン

第3章　アトムコインを始めてみよう

ATOMCOIN

第4章　メンバーは語る アトムコインの魅力

第1章　なぜ今、仮想通貨なのか

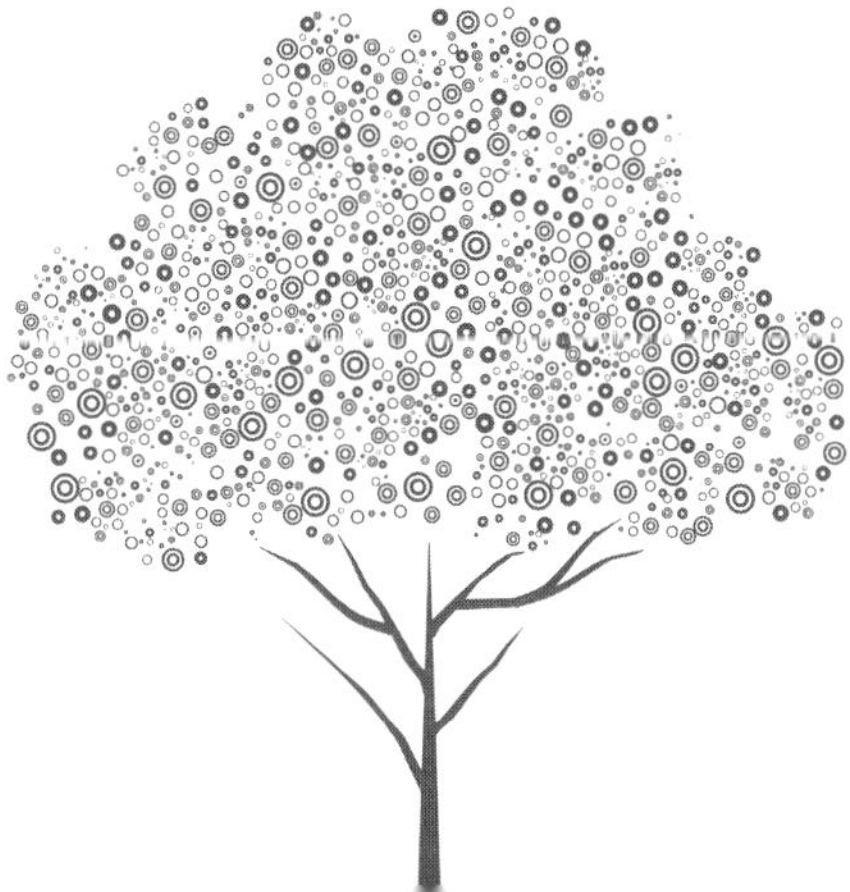

回復しない日本経済

正念場を迎える日本

今、日本経済は正念場を迎えています。

ここ数十年の日本の経済成長率を年代別に見てみると、１９８０年代が４・４パーセントだったのに対し、１９９０年代が１・５パーセント、２０００年代が０・６パーセントと大幅に縮小しています（年率平均）。10年でわずか１・０５倍です。この間、アメリカは１・２倍、中国は２・７倍の成長を遂げているなかで、日本は大きく立ち遅れています。

安倍内閣によるアベノミクスは、バブル崩壊後立ち直りのきっかけを見出すことのできない日本経済に、起死回生の矢を放とうと、様々な取り組みを設けました。第一

経済成長率のグラフ

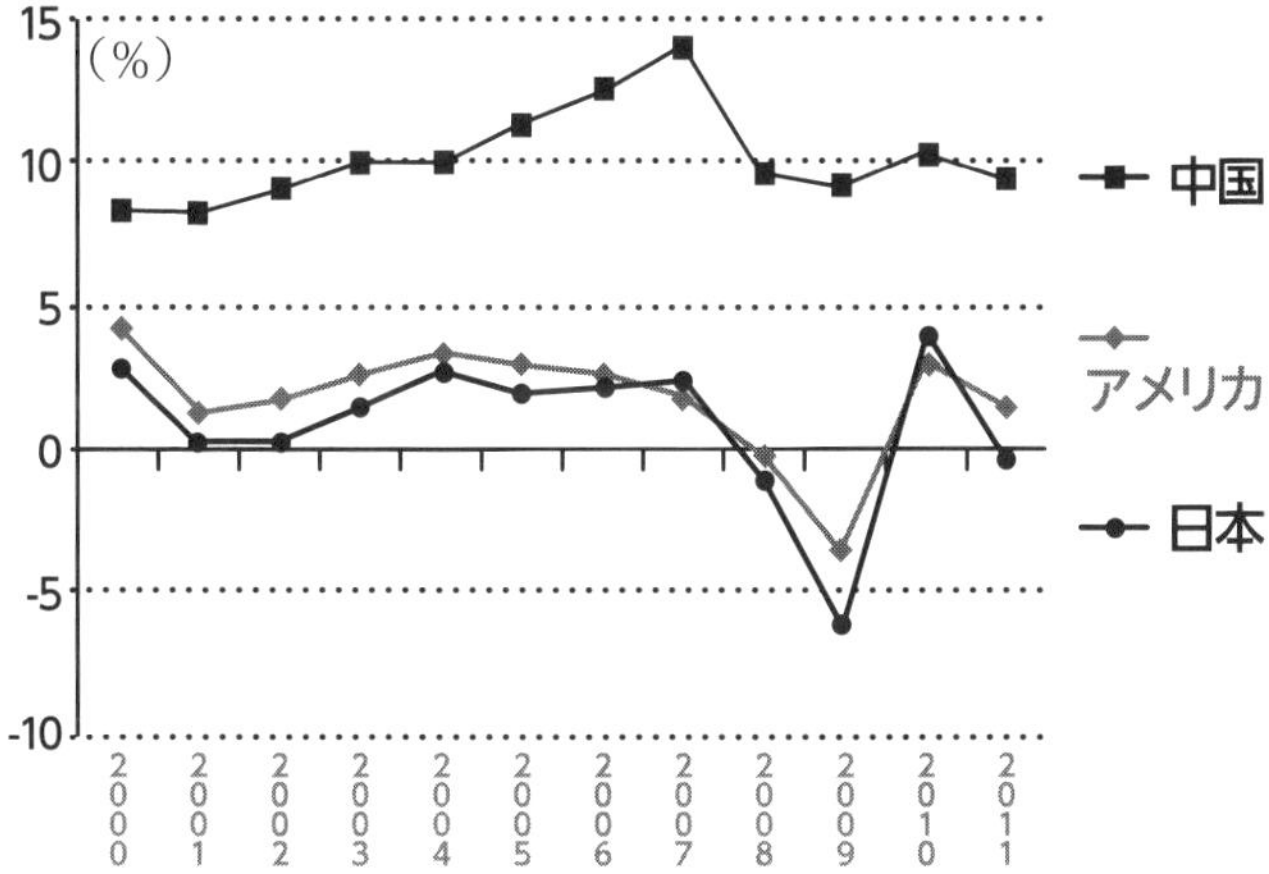

の矢としては金融緩和により、流通するお金の量を増やすことで、デフレマインドを払拭しようとし、第二の矢としては、財政政策として約10兆円規模の経済予算を計画し、需要を創出しようとしました。今後、第三の矢として、規制緩和による、民間企業の成長促進を図る施策が予定されています。

　アベノミクスの効果か、２０１５年４月には、日経平均株価が15年ぶりに２万円台に乗り、円は１ドル＝１２０円を超え、円安の兆しを見せました。

　しかし一方で、私たちの生活水準が改善してきている実感はあるでしょうか？

日本銀行が１９９４年以降、毎年３カ

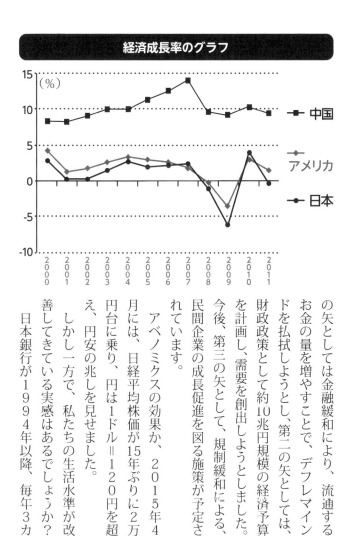

月ごとに実施している「生活意識に関するアンケート調査」を見てみましょう。

http://www.boj.or.jp/research/o_survey/ishiki1507.pdf

２０１５年６月調査の結果によると、「1年前と比べて、今の景気はどう変わりましたか」という問いに対し、「良くなった」と回答した人は11・9パーセント。「変わらない」と回答した人は60・4パーセント、「悪くなった」と回答した人は27・3パーセントとなっています。3カ月前の調査での同じ質問に対しては、それぞれ7・0パーセント、61・0パーセント、31・6パーセントの回答だったことと比較すると、若干の改善傾向が数値として見て取れますが、それでもまだまだ、多くの人が景気回復の効果を感じられずにいます。

「1年前と比べて、あなたの暮らし向きがどう変わったと感じますか」という問いに対しては、「ゆとりが出てきた」と答えた人が4・5パーセント（3カ月前の調査の数値は4・0パーセント）、「どちらともいえない」と答えた人が49・1パーセント（同48・2パーセント）、「ゆとりがなくなってきた」という人が46・2パーセント（同47・5パーセント）という結果となっており、こちらも、大きな改善が見られているわけではありません。まだまだ、一般市民のレベルにまで、経済政策の効果が現れて

国民の「景気感」調査

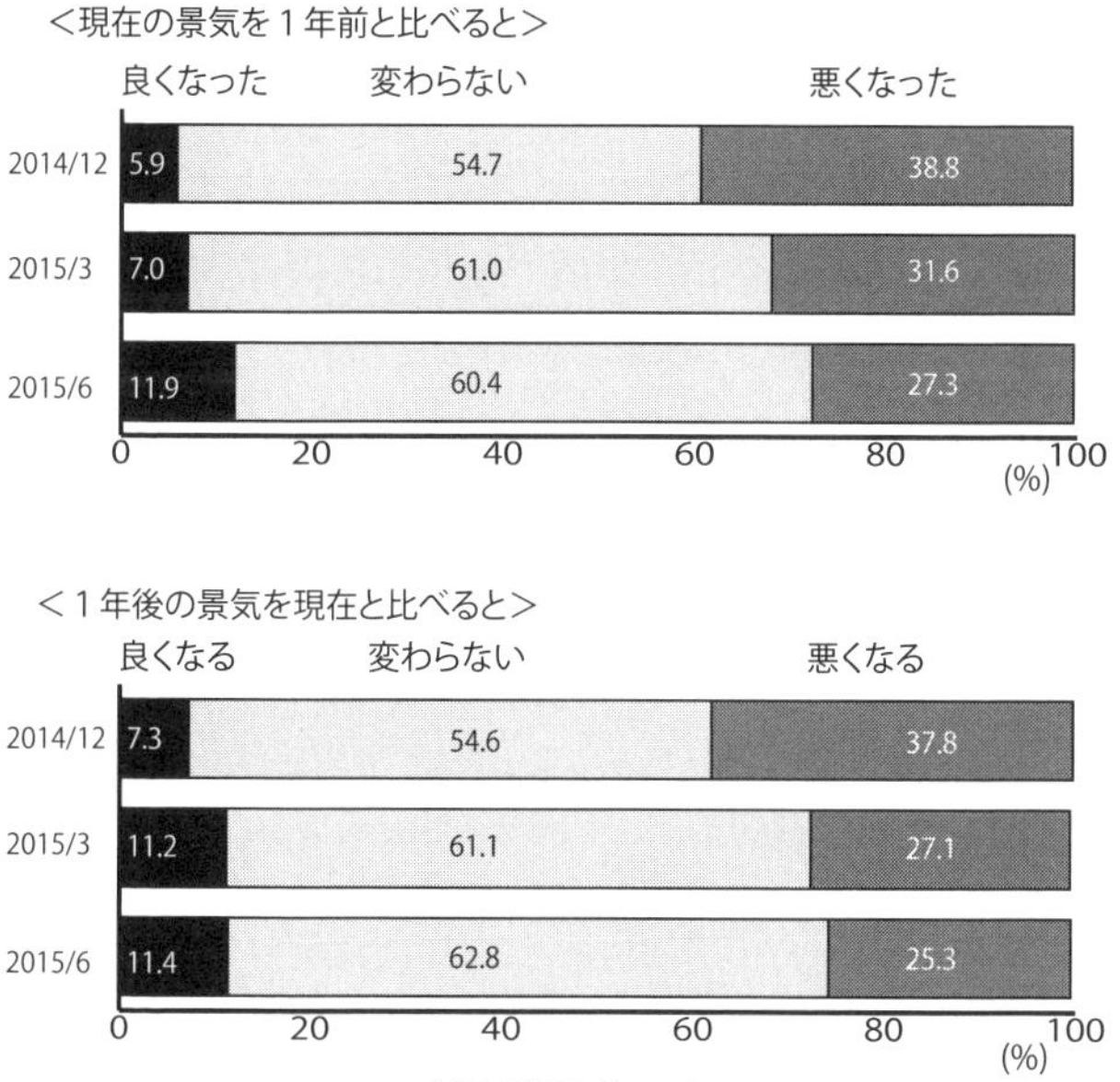

日本銀行「生活意識に関するアンケート調査」（2015年6月調査）

いるとはいえないのが現実なのです。

日本経済の今後

国会でも、日本経済がよくなっているのか、悪くなっているのか、議論になっているところです。

アベノミクスの目指すところは、円安、ドル高を創出し、日本の輸出産業を再び活性化させることで、国内への設備投資を増加させ、それによる日本の需要を増進していこうという狙いがあります。ところが現在のところ、日経平均株価は復活してきており、一部の大企業で、工場などの生産基盤を日本国内に建設するという動きは出てはいるものの、以前、設備投資の伸びは低いままといわざるをえません。おまけに、円安による物価上昇で、国民の実質賃金は低くなるため、我々庶民の生活水準が好転しているというところまでは行きついていないのが現状です。

さらにいえば、政府が復活を期待している、かつての「ものづくり日本」が再生するかどうか、ここも非常に疑問であるといわざるをえません。

経済学者の野口幸雄教授は、こういっています。

> 安倍政権が目指しているのは、高度成長期の中心であった「製造業」の復活です。そのために法人税減税が必要といっているわけですが、私は現在の世界環境や技術条件のなかでは、製造業は復活しえないと考えています。そもそも、日本の製造業が衰退したのは、世界の経済構造が大きく変化したからで、その状況に日本が対応できていない。たとえば、世界で最も強い経済力をもつ米国をリードしている会社に「Google」と「アッ

プル」があります。「Google」は広告業ですが、検索エンジンという技術をもつ。製造業とサービス業の中間です。「アップル」は製造業ですが、自前の工場をもたず、部品をつくっているのは世界各地のメーカー。こちらも製造業とサービス業の中間です。こういう新しい産業が米国経済をリードしているのであって、従来の製造業が復活しているわけではありません。安倍政権の成長戦略は、従来型の製造業を復活させ、戦後の高度成長を再現しようとしている。こういう「アナクロニズム」の考え方では、製造業の復活は不可能です。

http://www.nikkan-gendai.com/articles/view/news/157035/4

迷走し続ける日本経済、本当は、その行く末を指をくわえて見ている場合ではないのかもしれません。

単なる国家施策の問題としてではなく、その結果は最終的には私たちの貯蓄、財布の中身に反映されてきます。

ATOMCOIN

あなたの資産は目減りする

銀行に預けていても大丈夫？

長く続いたデフレ状況により、日本国内の投資に対する意識も随分変化してきました。稼いで貯蓄することが美徳とされた昭和〜バブル時代の意識は薄くなり、多くの人が我が家の資産を守るために、積極的に投資する時代となってきたのです。かつて、「財テク」という言葉が流行りました。これはどちらかというと、すでにある収入をいかに手元に残し、増やすか、という前向きな意味合いがありましたが、今の時代は、どのような会計レベルにおいても、わずかながらの収入をいかに減らさないか、こうした守りの意識で語られることが多くなったような気がします。

このような現状で、あなたの家計は大丈夫でしょうか？

簡単に予測できるのは、今後日本は、長く続いた円高時代が終わり、長い円安基調の世の中になっていくということです。

さて、今後グローバル社会が浸透していくなかで、円安とは何を意味するでしょうか？

「日本にお金を落としてくれる外国人旅行者が増える」「日本からの輸出が増える」とはよくいわれますよね？

一見、よいことのように思えますが、ちょっと待ってください。

その前に、もっと明確に分かっていることがあります。

それは、「今までもっていたお金（円）は、そのままでは相対的に価値は下がる」ということです。

前述の野口教授は、円安についてこういっています。

円安というのは、分かりやすくいえば、ドルベースで見て、日本人の労働者の賃金が切り下がったということです。ここ数年間で2～3割も切り下がった。つまり、円安は日本の労働者を貧しくするという意味なのです。だから、大企業の利益が増えたのですね。現在の1ドル＝120円というのは「名目レート」で見れば2007年と同じですが、「実質レート」で見ると、当時より3割ほど円安です。「実質レート」が最も高かった1995年と比べると、今は半分ほどです。それだけ日本人が貧しくなっているのです。

http://www.nikkan-gendai.com/articles/view/news/157035/2

私たちの将来に不安を与えるのは、円の価値だけではありません。

すでに分かっている大きな事実……。

日本には、莫大な借金があるということです。

借金時計は刻々と時を刻んでいる

ちょっと面白い（恐ろしい？）サイトを紹介しましょう。

経済ジャーナリストの財部誠一さんがウェブサイトで公開している「借金時計」というものです。

「日本の借金時計」ウェブサイト

http://www.takarabe-hrj.co.jp/clockabout.html

これは、1998年に、衆議院予算委員会の公聴会で意見を述べる予定になっていた財部氏が、財政再建に必要なこととして、中央・地方の支出の議論、また税金の使い道などについての意識改革をするために提示したものです。もともとは氏がニューヨーク市街に掲示されていた「OUR NATIONAL DEBT CLOCK（財政赤字時計）」の存在を知り、同じようなことが日本でもできないかということで、改良を重ねて発表されました。現在はインターネットの普及のおかげで、財部氏のホームページに行けば誰もが閲覧することができます。

ＵＲＬに是非アクセスしてみてください。そこに現れるのは、「日本の借金」と題された、刻々と増え続けるカウンターです。その金額１０００兆円超。これが「日本の借金」の総額です。（国と地方の、普通国債残高をベースに計算されています）。

増え続ける金額のすぐ下には、「あなたの家庭の負債総額」とあります。これは、前述の「日本の借金」を全世帯数で割った数です。あなたのご家庭の納税額と照らし合わせてみてください。ちなみに、国民１人あたりの負担額は約８１５万５０００円（２０１５年4月1日時点）となっています。

１０００兆円超……。これはどうあがいても、とうてい返せる額ではありませんね。財務省のホームページでは、この「日本の借金」と日本のＧＤＰとの比率を計算していますが、２０１５年度予測では、日本の借金はＧＤＰ比２０５パーセントに膨れ上がっています。

「国債は安定した証券」ということで知られますが、発行するばかりで返せる見込みがない証券に、未来があるでしょうか？

お金の価値が変動する仕組み

為替レートの仕組み

ここで、お金の価値が変動する仕組みをざっと整理しておきましょう。

現在の主要国が採用している変動為替相場制のもとでは、各国の通貨の価値は、為替市場というところで日々刻々と変わっていきます。これを為替レートといいますが、為替レートとは、単純にいえば、各国通貨の交換比率、といっていいと思います。１ドル＝１２０円の場合には、１ドルは１２０円と交換することができます。

円安になるということは、この交換比率が、１ドル＝１３０円の方向へと向かう、ということです。

これはどういうことかというと、たとえば、米国で1ドルもっていた人と、日本で

１２０円もっていた人がいたとします。最初の段階では両者は同じ価値のお金をもっていますので、両者とも同じ価値で交換に同意するでしょう。ところが円安になり、１ドル＝１３０円となると、米国の１ドルをもっている人は、日本の１２０円の価値よりは10円価値が高いので、１２０円では交換に応じられません。

　こうして、銀行に預けていても、タンス預金で手元に残しておいても、お金の価値が目減りしてしまうというのが円安なのです。

バランスはどうやって変化するか？

　それでは、１ドル＝１２０円という交換比率のバランスは、どうやって変化していくのでしょうか？

　ベースは、通貨を発行する国の経済力にあるといえます。貨幣価値イコール国力の価値ですので、日本の国力を高めていけば、必然的に貨幣価値は上がるはずです。ただし、現在のような閉塞した状況でも、国はある程度それをコントロールすることができます。市場に出回る貨幣の量を調整するのです。世界において日本円への需要が

為替レートが変動すると・・・

１ドル＝120円

↗ １ドル＝110円
円の相対的価値が上がる（円高）

↘ １ドル＝130円
円の相対的価値が下がる（円安）

■円安になるということは

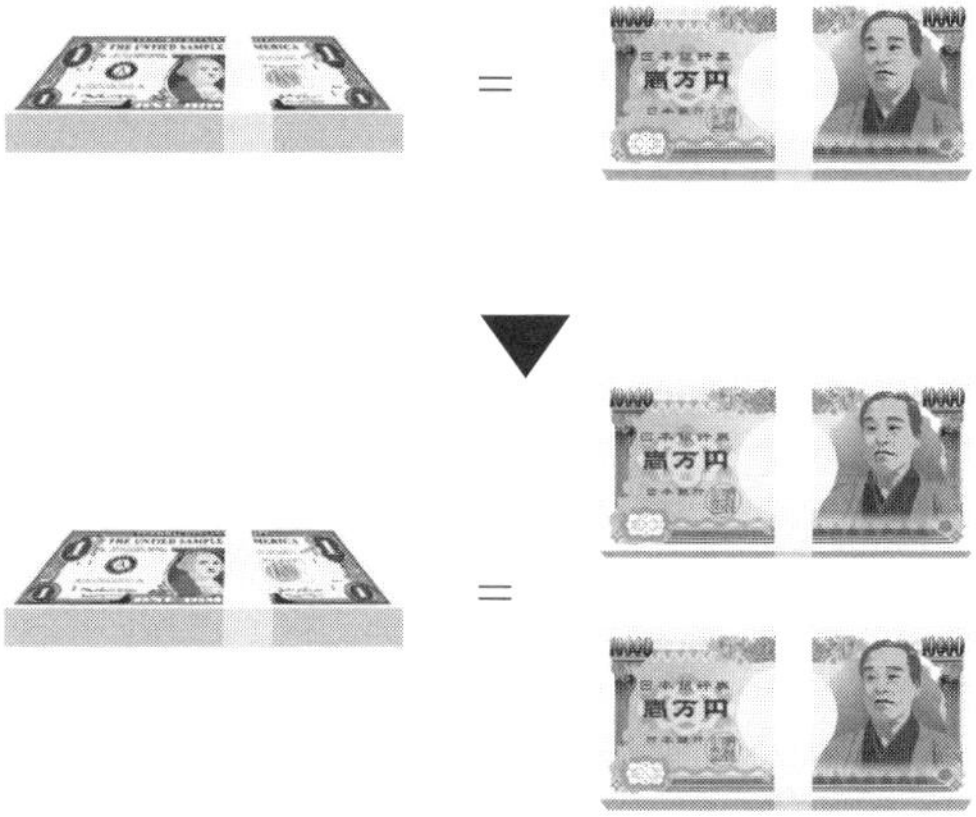

以前は換金できた同額のドルと換金できなくなる（円の価値が下がる）ことを意味する！

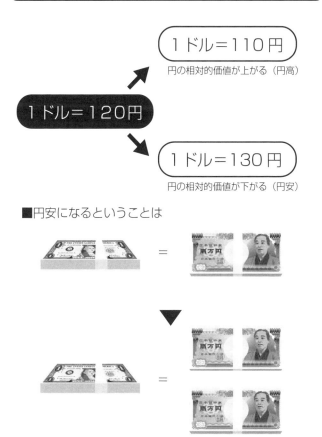

高ければ、供給量を増やしても、じき、円の価値は元に戻っていきます。しかし、需要が一定の状態で供給量だけが増えれば、これはたとえるならスーパーに物が余っているのと同じ状態で、価値すなわち値段は安く値付けされます。

アベノミクスの金融緩和は、あえてこの方策を取っています。どんどんお札を刷って市場のお金の量を増やし、円の価値を下げ、日本の基幹産業であるモノづくりの復活を目指し、そこから国民全体への利益を配分していこうという方針、といってもよいかもしれません。

理論上では、その考え方もあるかもしれません。しかし、国民にとって、この方策は非常に痛みをともなう政策でもあります。手元にあるお金が目減りする、しかも末端の国民に利益が還元されるまでには非常に時間がかかる、ということです。

日本経済がこのような深刻な問題を抱えているなかで、多くの富裕層が、海外への資産移動などを視野に入れて、実際、実行してきました。（もちろんこれは税金対策の面もありますが）。外貨預金、海外不動産投資、などです。

そして、ＩＴ技術の発達にともなって、21世紀に入って注目されてきたのが「仮想通貨」なのです。

金はなぜ価値があるか

金本位制度とは

ここまでの説明で、なぜそんな安定しないお金の価値で日本は今までやってこられたのか？　と思う人もいるでしょう。そうなのです。そして、貨幣価値の信用がなくなる情勢になったときに、決まってこの問題が噴出しているのです。

昔は、貨幣経済において、その信用の基軸に金《きん》が採用されてきました。

地球上の金の埋蔵量には限りがあり、その限られた量が世界中に流通しています。金は、ほかの金属と比べて希少性の高い資源であり、質の劣化が少なく、見た目も美しいことから、貴重な金属として古くから知られてきました。等価交換における価値の保全としても、きわめて効果的な物質です。

そのため各国は、金の保有量を前提とした貨幣価値を決定してきました。これを金本位制といいます。

金本位制の基本は、金そのものが貨幣（金貨）として流通する形式です。大昔はこの形式でした。しかし、商取引の規模が世界に拡大するにつれ、もち運びが不便だということ、また価値が拡大していくにつれて、その分の金を確保できないという欠点が出てきました。そのため、もっと安い紙を、金と同等の価値のものと国が保証した上で発行しようと考え、兌換紙幣《だかんしへい》というものが生まれました。

兌換紙幣は、銀行にそれをもっていけば、いつでも同価値の金と交換してもらえる、という機能をもった紙幣です。発展途上の国などでは、世界との貿易を押し進めようとするときに、まだ信用のないその国の紙幣の価値を世界中に保証し、安心してもらう必要があります。金は世界共通の価値なわけですから、いつでも金と交換してもらえることを保証することで、その国の紙幣の価値を認めさせることができますね。

しかし、国の政情が不安になったりした場合、多くの人が、その紙幣を銀行にもち込み、金と交換しようとします。そうなると、自国が保有していた金が海外にどんどん流出してしまいます。第二次大戦前の日本がそのような状況でした。安定した価値で富を保証できるのが金ですから、国としては金はなるべく保有しておきたいと思うものです。そのため日本は金の輸出を禁止したことがあります。

今は変動為替相場なので大丈夫なのか？

現在は世界の協力体制のなか、変動為替相場制が運用されています。世界の信用のなかで、通貨同士の価値を取り決めているのです。

そういう体制下では、金での保証は必要ないのか？　といえば、まったくそんなことはありません。

21世紀に突入してから現在にいたるまででも、多くの政情不安、戦争、金融危機が世界中で繰り返し発生しています。そのようななかで、現在の貨幣価値は大いに信用を失いつつあるといっても過言ではありません。何に価値を見出せるかといえば、流通量が一定していて、価値の減耗がない、金だといわれるのです。

現に、中国は世界経済の覇権を揺るぎないものにするために、各国から金を買い集めているといわれます。また米国も、ドルの信用が失墜していくなかで、金本位制へ

国別金の保有量

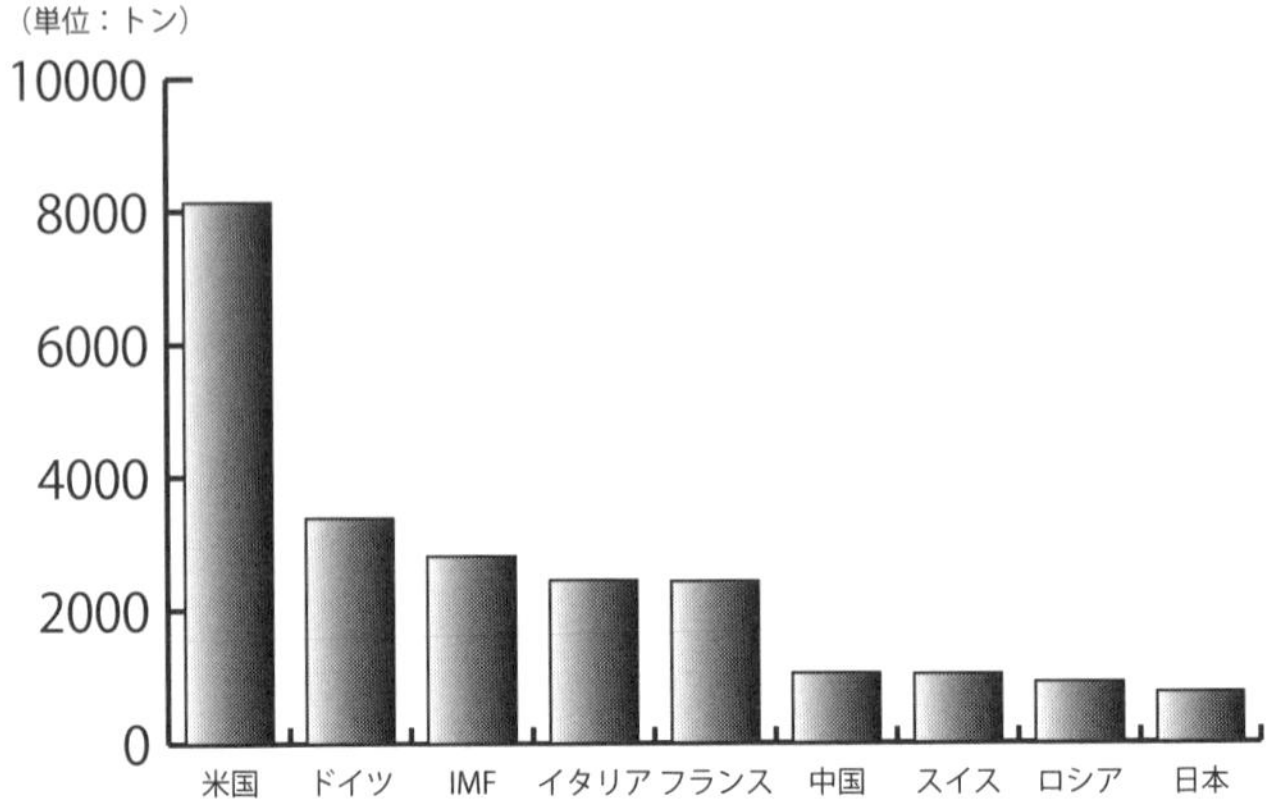

出典：ワールド・ゴールド・カウンシル 世界ランキング統計局 2012 年

の回帰を本気で画策しているともいわれています。

日本はどうでしょうか。調査機関、ワールド・ゴールド・カウンシル（ＷＧＣ）がまとめた２０１４年のレポートによると、２０１４年の中央銀行の保有量を国別で見ると、米国が１位で８１３３・５トン。２位はドイツの３３８４・２トンとなっており、日本は９位で７６５・２トン。米国の10分の１にも満たない量しかもっていないのです。

もし金本位制が復活するようなことになれば、これまで約束ごとで成り立っていた紙幣（単なる紙）の価値はどうなってしまうのでしょうか？

仮想通貨があなたを、世界を救う

金と似た仮想通貨

仮想通貨は、金と似ているといわれます。

共通点のひとつめは、どちらも「埋蔵量」に限りがあり、「採掘」するものであるという点。

金の主な産出国を産出量順に並べると、中国、オーストラリア、米国、ロシア、南アフリカ共和国、ペルーとなります。

これまでに採掘された金の量は全世界でわずか50メートルプールの約３杯分、すなわち約16万６６６０トンだといわれています。

一方、未採掘の金は、約５万１０００トン、50メートルプールの約１杯分だと推定されています。しかしこの未採掘の金鉱脈は、地中や海底深くにあり、今後の採掘は難航すると予想されています。

このように、これから新たに生み出すことも難しく、大変希少価値があるものが世界に流通、あるいは保有されているというのが金の特徴です。

一方、仮想通貨はどうでしょうか。

オンライン上の仮想通貨なのに「埋蔵量に限りがあり採掘する必要がある」という点を不思議に思われる方もいるはずです。もちろん、実際に地面を掘って採掘するわけではありません。

たとえば仮想通貨の代表格であるビットコインでいえば、金のように実際に「採掘」するわけではありません。設計者が設定した暗号を解くことにより、入手することができます。これをマイニングと呼んでいます。

理論上では、コンピュータがあれば誰でも採掘することが可能です。ただし、金が採掘されればされるほど、新たに発見し採掘するのが難しくなるように、暗号が解読され採掘されたビットコインの量が増えれば増えるほど、残されたビットコインを採掘する暗号の難易度がどんどん上がるようにプログラミングされています。

金と仮想通貨は似ている

■ 埋蔵量に限りがある
■ 採掘が必要
■ 安全性が高い

金は限りある希少性の高い資源であり、劣化しにくく、見た目の美しいことから貴重な金属として古くから知られてきた。
今では世界に共通する価値観をもつ国際商品として活発に取引が行われている。

保有するコンピュータの性能が高ければ高いほど、効率よくたくさんのビットコインを採掘できるため、現実的には個人で行うのは難しく、企業やグループによる集団発掘によって行われています。

そして、ビットコインにも埋蔵量に限りがあります。その総量２１００万ビットコインで、そのうち約7割（２０１５年10月現在）のビットコインが採掘されているといわれています。

金投資と同じ「安全性」が魅力

金と仮想通貨の共通点の2つめは、「安全資産」「守りの資産」であることです。金は、近年、改めてその価値が見直されています。

近代における金の最安値は、１９４５年から始まった金ドル本位制で定められた1トロイオンス（31・１０３４７６８グラム）35ドルだと考えられています。その後、細かい上下動を繰り返しながら上昇基調を続けますが、２０００年代に入り急激な上昇を始めました。特に２０００年代後半は伸びが大きく、２００８年には1トロ

金の価格推移

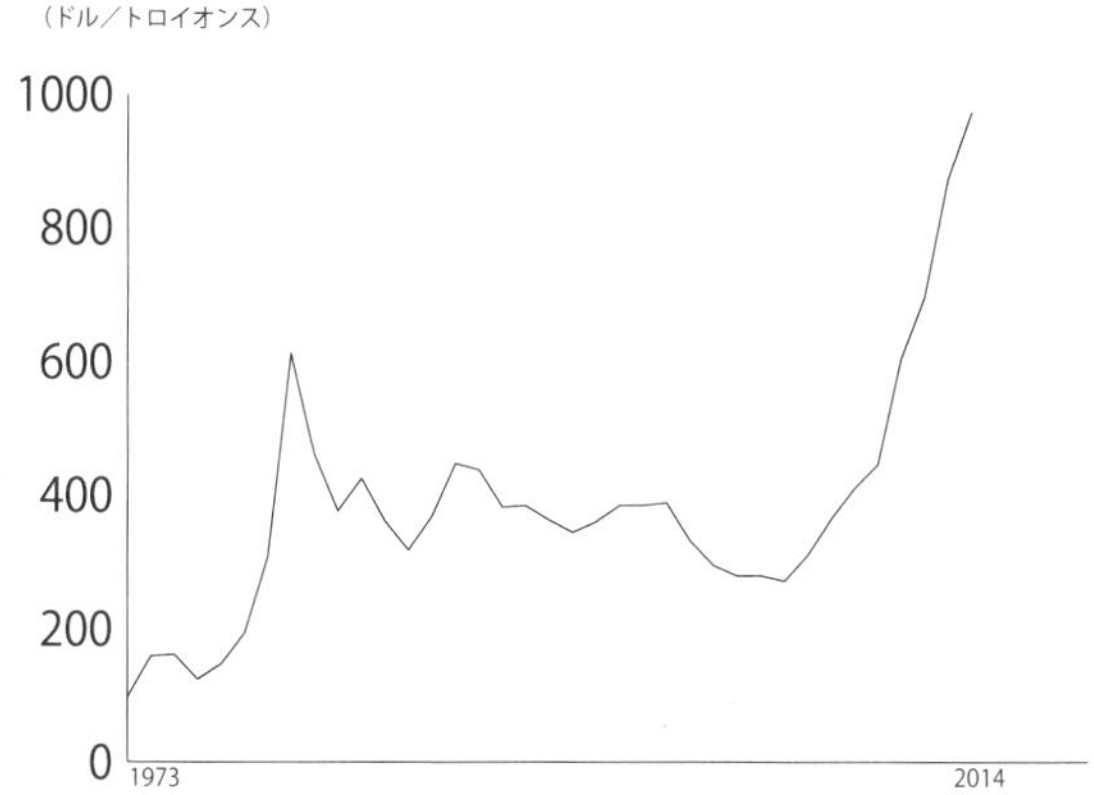

イオンス８００ドル前後だったものが、２０１３年には１７００ドル超に達しました。結果、この７０年あまりで、価値が50倍にもなっています。

金融危機、欧州の財政危機が相次いで起きた世界経済激動の２０００年代後半、あらゆる証券が暴落しました。そんななか、金だけが安定して伸びていったのはなぜなのでしょうか。

実は昔から金は、「有事の金」と呼ばれるほど、世界経済が危機に瀕するたびに、その価値を高めてきたという歴史があるのです。

通貨にしても株式にしても、「「信用リスク（この貨幣をこれだけの価値だと世界が認める」ということが反故になってしまう)」からは逃れることはできません。一時は好調に値上がりしていても、その発行体である政府や企業が破たんすれば、価値は当然ながら、一気になくなってしまいます。

２０１０年からのギリシャ経済危機をご記憶でしょうか。

それまでひた隠しにされてきたギリシャ政府の財政赤字が明らかになると、債務不履行を恐れた投資家によってギリシャ国債が売り込まれました。これがやがてはユーロ圏全域を巻き込んでの経済危機、そして世界同時株安へと発展していったのです。

そのような世界情勢のなかで、投資家たちは大切な資産を守るために、信用リスクの高い金融商品にお金を預けるのは危険であると考え、金にお金を「避難」させたのです。

「金そのものに価値がある」のと同じ

なぜ金が安全資産と見なされるかといえば、金そのものには「信用リスク」がないからです。信用リスクとは、いってみればその金融商品の価値がゼロになるリスクのことです。通貨や株と違って金には金というモノそのものに価値がある。そのため、価値がゼロになることがありません。金が「グローバルな通貨」といわれるのも納得できます。

そして、仮想通貨も同じように、信用リスクのないグローバルな通貨だといえます。仮想通貨の流通量、埋蔵量はプログラムによる厳重なセキュリティ下に置かれており、世界中のどこにいても、誰にも邪魔されず、自由に取引できます。そして何より、特定の国の経済事情による変動リスクがありません。

後述しますが、ビットコインが世界に名を知らしめたひとつのきっかけは、２０１３年のキプロス経済危機でした。このときキプロスから資金を引きあげた投資家たちが頼ったのがビットコインだったのです。これによりビットコインは急騰したのです。

仮想通貨ビットコインの登場

ビットコインとはどのようなものか?

さてここでは、仮想通貨の知名度に大きく貢献した「ビットコイン」について、少しくわしくふれておきましょう。ビットコインの誕生とその後の経緯を簡単に知っておくことが、これから解説する仮想通貨の重要性と、アトムコインの優位性をしっかりと理解することに繋がるからです。

ビットコインが誕生したのは２００９年のこと。正体不明の「中本哲史（ナカモトサトシ）」という人物が書いた論文に基づいて、論文の思想に共鳴したハッカーたちが開発、普及させたといわれていますが、それ以上は、実は不明なままです。論文自体は英語で書かれており、中本哲史という名は偽名の可能性が高いといわれています。

ビットコインは、インターネット上で採掘（マイニング）することができます。またビットコインの埋蔵量は２１００万ビットコイン（ＢＴＣ）までと設定されており。それ以上増えることはありません（ここが国家貨幣と大きく異なる点です）。企業や団体を中心として、採掘そのものによってビットコインを獲得するビジネスを行う人々もいますが、前述の通り、採掘し残量が少なくなればなるほど、その暗号解読の難易度が増し、採掘しにくくなる仕組みになっています。このモデルが現実世界の「金」とよく似ているのです。

マニアたちのやりとりから浸透

ビットコインのユーザーは、はじめはごく一部の人たちに限られていました。これまでの常識に縛られず、国の監視下にない、ボーダレスな通貨として、いわゆる「リバタリアン（自由主義者）」や「アナーキスト（無政府主義者）」に受け入れられたところから始まったといわれています。

彼らにビットコインを供給していたのは、一部のコンピュータマニアたちです。ビットコインを採掘するには、高度なプログラミング、あるいは暗号解読技術が必要ですが、それらを駆使して、暗号を解読するゲーム性を面白いと感じたマニアたちが、お金儲けというよりも、ビットコインという鉱脈の「開拓者」となることに喜びを感じて、採掘に励んだのです。

こうして採掘されたビットコインが、同じくマニアたちによって、インターネット上で使用（流通）されるようになってきました。

インターネット売買が広がるにつれて、大手の事業者たちも、決済手段である「電子マネー」としてビットコインを採用するようになりました。「電子マネー」は、一般的にはある信用のある仕組みのなかで、プリペイドカードのように実際の通貨で「買う」ものです。ビットコインはそもそも、実際の通貨で買われたものではなく、インターネット上で「採掘されたもの」です。とはいえ世界間のユーザーたちが、一定の通貨と同等の価値があるもの、と見なしているわけですから、決済の利便性を高めるためにそれを採用するということはありえる話です。こうした流れで、ビットコインによる決済を受け付けるショップや企業が登場し、ビットコインを支払に使える場が増えていったのです。

金融危機がきっかけとなる

キプロス国外へ流出したお金がビットコインへ

ビットコイン誕生以来、最大のブレイクスルーが、２０１３年3月、ヨーロッパの小さな島国キプロスで起きた「キプロス危機」です。当時、キプロスは、財政破たんの危機に直面していました。キプロスはもともと観光地として有名で、別荘などもさかんに建設され、不動産投資がさかんな土地でした。同時に税金が安く、海外からの「タックス・ヘイブン（租税回避地）」としても有名となっており、多くの外貨（主にロシアから）が流入していました。

しかし、ＧＤＰの8倍ともなる預金資産を保有していた同国は、その運用に失敗し、大量の不良債権が発生したため、経営が困難に陥りました。政府は、銀行預金を引き出せないようにし（預金封鎖）、一部を税金として没収しようと考えました。10万ユーロ未満の預金は保護されるものの、それ以上の預金は凍結され、銀行の経営状態によっては80パーセントまでの預金没収が行われることになったのです。当然、投資家たちは大混乱しました。絶対安全だと考えられていた銀行預金が没収されるというのですから当然です。慌てて資金をキプロス国外へ移す方法を模索していたところ、彼らの目に留まったのが仮想通貨ビットコインでした。ビットコインには国や企業などの発行体がないので、今回のように国家財政の危機により突然引き出せなくなるようなことなどがありません。つまり資本家や投資家たちは、銀行預金よりもビットコインの方が安全だと考えたのです。

　こうしてビットコイン市場に大量のお金が流れ込み、ビットコイン価格は急騰したのです。キプロス危機の直前には1ビットコイン40ドルだったものが、2週間で72ドルまで値上がりしました。

　この事件は多くのメディアに報じられ、それまでビットコインを知らなかった一般層にも注目されるきっかけとなりました。このようにして、「経済危機のときには安全」「大きな値上がりが期待できる」との見方が広く浸透していったのです。

キプロスの一人当たり名目 GDP 推移

（単位：ユーロ）

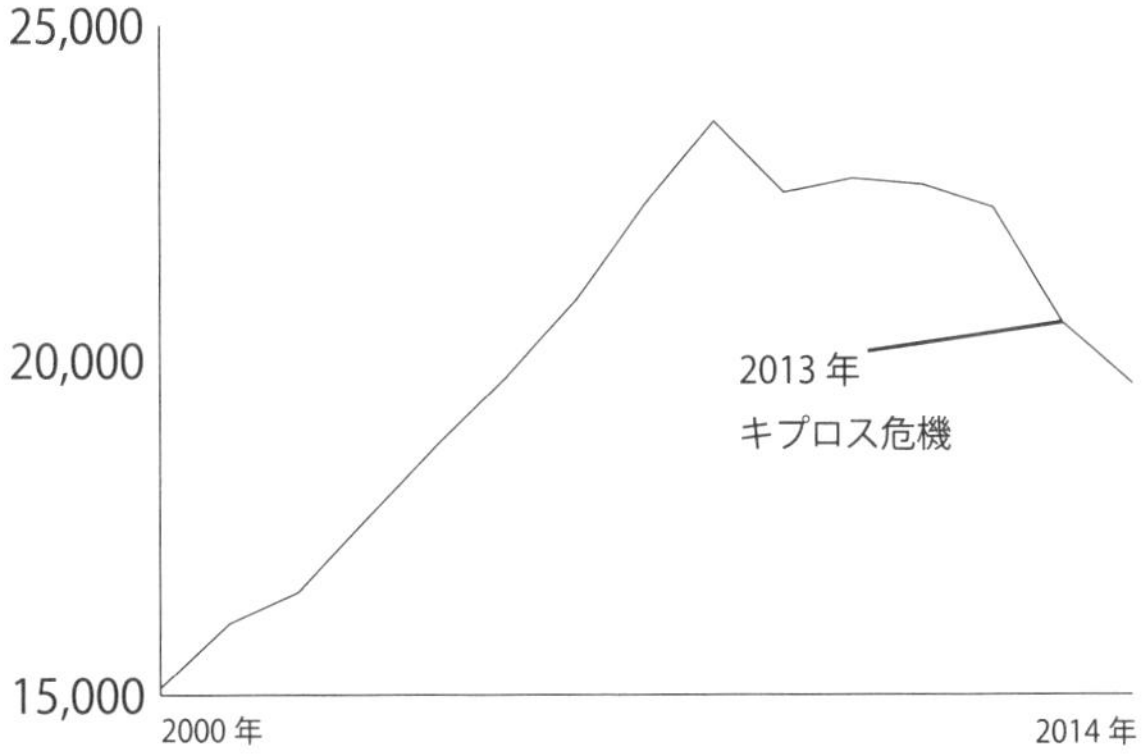

ビットコインの急騰

（単位：米国ドル）

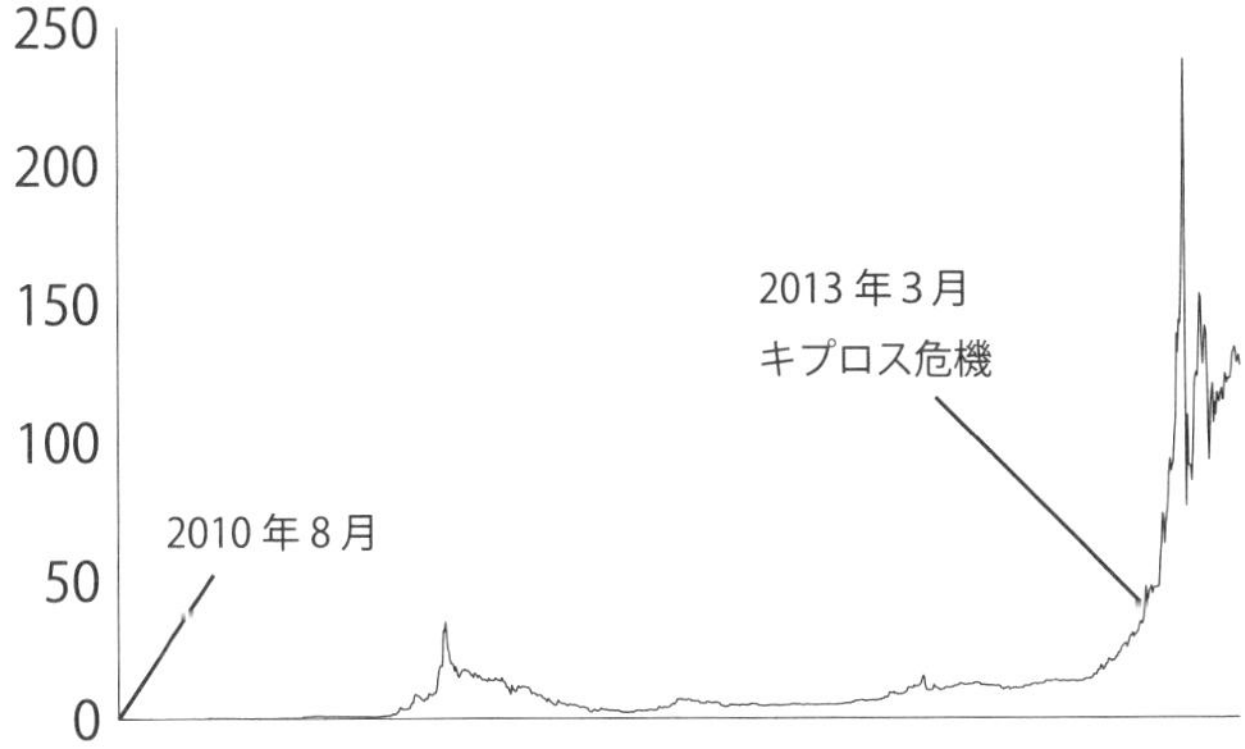

長所も心配もあったビットコイン

賛否両論渦巻く

こうして世の中に知られるようになった「仮想通貨」とその代表格ビットコインですが、これまでにない画期的なシステムであるという絶賛の声もありながら、一方では批判めいた声も聞かれました。

注目を浴びた当時、仮想通貨ビットコインは次のような強みをもっているといわれました。

・国家や金融機関などに規制されない、独立した通貨圏を形成する。
・インターネット上で全世界で同じように利用できる。

・金融機関が仲介しないので、手数料が格安で済む。
・お互いの個人情報を明らかにせず、匿名での取引ができる。

　このようなリアル通貨にはない特徴を生かせば、既存の規制にとらわれない、様々なまったく新しいビジネスが考えられるという点に、多くの人々が興奮したのです。

　反面、ビットコインは匿名で取引できるために、お金の流れが追跡できません。そのため、非合法な物品の売買（たとえば麻薬売買や武器売買など）に利用されないか、前述のような退避的な資金の大規模な移動で、違法な資金移動が行われないか、などの懸念も議論されました。実際にそのような違法なウェブサイト上での取引が行われた例もありました。

激動するビットコイン

国家も無視できない状況に

２０１３年には、日本の各種メディアでもビットコインが多数取り上げられるようになり、国内ユーザーも爆発的に増加しました。またビットコインだけでなく多くの仮想通貨もリリースされていきました。

市場性と流通性を備え、加速度的に存在感を増していたビットコインをはじめとする仮想通貨、その常識を破る概念に、賞賛と懐疑の声が渦巻くなか、各国政府も、仮想通貨を新たな金融商品として検討せざるをえない状況に迫られていました。それまでは、いってみれば、現実の貨幣を元に売買される「トレーディングカード」と同じような扱いでしたが、先述のキプロス危機の例のごとく、実際に大規模な資金が流入する事態を前にして、資産移動や決済手段として浸透してきた現状を無視することができなくなってきたのです。

　ビットコインフィーバーに冷水を浴びせることになったのが、２０１３年末の中国のビットコイン規制、そして、２０１４年初頭に顕在化した「マウントゴックス」騒動です。

中国によるビットコイン規制

　２０１３年12月5日、中国の中央銀行である中国人民銀行は、公的金融機関および決済機関はビットコインに値段を付けたり、売買したり、ビットコイン関連商品に対する保険を販売してはならないとする声明を発表しました。

　これにより、個人による取引は継続されるものの、中国銀行間を介したビットコインのやりとりは規制されることになりました（２０１５年5月に取引停止）。世界一のビットコイン市場を誇っていた中国のこの動きに、一時的にビットコインは暴落の値動きを見せたのです。

マウントゴックス騒動

２０１４年２月28日、ビットコインの売買を扱う取引所「マウントゴックス」を運営していたＭＴＧＯＸ社が、東京地裁に民事再生法の適用を申請し、同日受理されたと発表しました。

マルク・カルプレス社長は、顧客分75万ビットコインと自社保有分10万ビットコイン、金額にして「１１４億円程度」（ほかの取引所の直近の取引価格で計算すると、４７０億円前後にのぼる金額でした）が消失したとし、２月初旬、システムの不具合（バグ）を悪用した不正アクセスが発生し、売買が完了しない取引が急増。「バグの悪用により（ビットコインが）盗まれた可能性が高い」と認め、債務超過で経営の維持が困難と判断しました。

さらに調査の結果、２月24日、利用者からの預り金を保管する預金口座の残高が最大で28億円程度不足していることも判明し、カルプレス社長は２０１５年８月に逮捕されました。

ビットコインの相場（2013年3月以降）

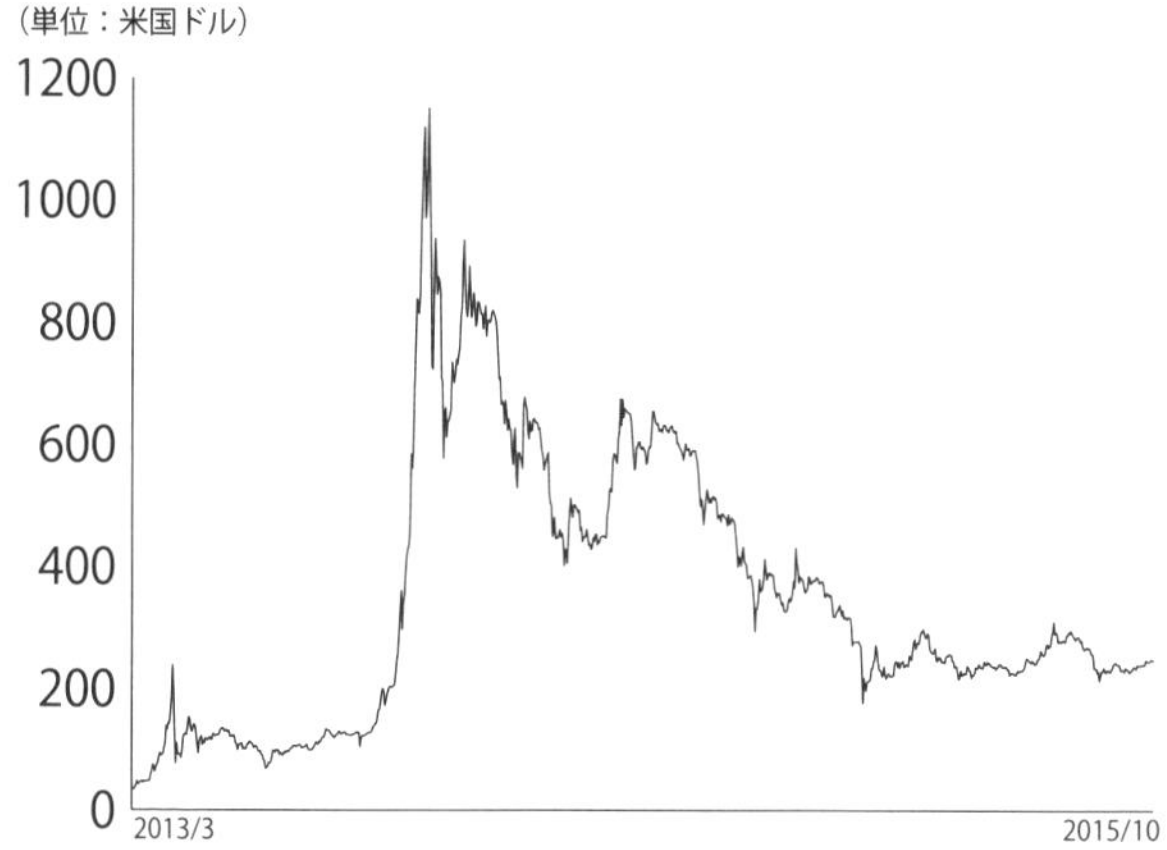

この騒動で、かねてから仮想通貨に否定的だった有識者たちは、一斉にその問題点を指摘し、あたかも仮想通貨が悪であるがのごとく論評をし始めました。

しかし、誤解して欲しくないのは、このＭＴＧＯＸ社は、世界に多数ある仮想通貨取引所のひとつにすぎません。マウントゴックス騒動は、一取引所のずさんな管理と不正な会計操作によって問題化したにすぎず、仮想通貨自体の仕組みが原因で起こった事件ではないということは心に留めておきたいところです。

何ごとも、新しい物が生まれるときには、否定的な意見も現れるということを示した例といえるでしょう。

ATOMCOIN

ビットコインの現在

市場は冷静、それどころかさらに注目を浴びる

さて、仮想通貨に対する大きな向かい風が吹いた２０１３年〜２０１４年でしたが、果たしてその後、仮想通貨は死んでしまったのでしょうか？

答えは否、ビットコインホルダーは、一連の動きにも比較的冷静だったというのが事実です。

もともと投機的に見ると価格の上下動が激しい商品で、急激に値段が上がっていたものが、その後は安定の兆しを見せ、今に至っているというのが現状です。

後述しますが、そもそもビットコインは、その通貨としての流通性に制約があり、通貨としての価値よりも、投機的な価値でその時点までの価格が決まっていたという

面があります。それがおさまり、価格が市場の等価に落ち着いてきたというのが現状で、これほどの事件を経ても、実際そうなっており、強さを証明して見せたともいえます。

大国の取引規制、取引所の空前の資産消失、にもかかわらず安定感を見せたビットコインが、仮想通貨の信頼性を見せつけたともいえるのではないでしょうか？

一部には批判めいた声も聞かれた一方で、有識者たちの冷静な評価が見え始めたのもこの頃です。前述の野口悠紀雄氏は「ビットコインは革命である」とまでいっています。

２０１５年に入ってからも、世界の主要な企業、投資家から、注目を浴びているニュースが聞かれます。

ゴールドマンサックス、ビットコインに５０００万ドル投資

グローバル投資銀行「ゴールドマンサックス」がオンライン上の仮想通貨「ビットコイン」関連会社に巨額の投資をすることを決めた。最近、ビットコインの価値が大幅に

下がっているなか、ゴールドマンサックスがビットコイン関連主要投資家として買って出たことで、金融業界が注目している。

米紙ニューヨークタイムス（ＮＹＴ）は先月30日（現地時間）付けで、ゴールドマンサックスが中国ベンチャーキャピタル会社「ＩＤＧキャピタル」と手を組んで、ビットコインで支払・決済をする金融サービス会社「サークルインターネットフィナンシャル」に、５０００万ドル（約５３５億ウォン）を投資することを決めたと報じた。これまで、欧州など一部の国の投資会社がビットコインへの投資に関心を示したことはあるが、直接投資が行われるのは今回がはじめてだ。

ビットコインの価値は、２０１３年は一時1ビットコイン＝１２００ドルまで高騰したが、様々な詐欺事件などで通貨の信頼が揺らいで、最近は1ビットコイン＝２２５ドルまで下がっている。

ゴールドマンサックスは3月の報告書で、「現存する支払・決済システムはコストが多くかかる上、手続きが複雑なため持続可能ではない」とし、「これから金融取引はコスト・

利便性の面で大きなメリットをもつ仮想通貨で行われるだろう」と見込んだ。また、仮想通貨を通じての支払・決済規模は計１兆２０００億ドル（約１２８４兆ウォン）まで膨らむだろうと見込んだ。

アップルの創業者、スティーブ・ウォズニアックがビットコインスタートアップに参画

アップルの共同創業者、スティーブ・ウォズニアックが、ビットコインのスタートアップに参画していることが分かった。

（東亜日報　２０１５年5月2日）

参画しているのは、Planet capital というところで、アドバイザーを務めている。主に決済の会社のようで、ＡＴＭや、財布、ブロックチェーンの応用まわりを狙っているようだ。

このPlanet capitalだが、ボードメンバーが、

・アタリの共同創業者スティーブ・メイヤー

・カーライル・グループのCFO　ジョン・ハリス
・IBMのエグゼクティブ　Ken Hardesty
・そして、ウォズニアック

など、なかなかオールスターの陣容である。

これをもって、ビットコイン業界はすごい、と自慢しているわけではない。

ただ、彼らの選択肢のなかに確実に入ってきているというステージにあると感じている。

つまり、シリコンバレーの起業家、VC、ほかにとって、クリプトカレンシーという可能性があり、カバーしておくべき分野であり、成功するかどうかは未知数だが、これにベットしていく必要があるという認識にすでに達しているということだ。

BLOGOSより。大石哲之氏の記事。２０１５年5月5日
http://blogos.com/article/111532/

ビットコイン取引所運営会社に銀行免許　NY州当局が交付

［ニューヨーク　7日　ロイター］　ニューヨーク州金融サービス局は、仮想通貨ビッ

トコインを扱う取引所運営会社イットビット・トラスト・カンパニーに銀行免許を交付したことを明らかにした。

イットビットは即座に営業を開始できるが、ニューヨーク州法が信託会社に課す規定を満たし、金融サービス局が今月中に打ち出す予定のビットコイン規制に従う義務がある。

イットビットは米国顧客の受け入れをすぐに開始すると発表した。米連邦預金保険公社（ＦＤＩＣ）の保険対象となる銀行と提携し、米国顧客の国内預金については一口座あたり25万ドルまで保証の対象となるという。

金融サービス局は昨年3月に仮想通貨取引所からの免許申請を受け入れる方針を示した。イットビットは今年2月に免許を申請。金融サービス局は資金洗浄防止策や消費者保護、インターネット上のセキュリティの基準などについて審査を行った上で免許を交付した。

（ロイターニュース　２０１５年5月8日）

ATOMCOIN

仮想通貨は死なず

こんなにある仮想通貨

世界中で話題を振りまき、メディアでは冷ややかな目で見られた面もあったビットコインと仮想通貨、結局はこれだけの事件がありながら、破たんすることもなく生き残り、いまだに安定した価格で推移しているのです。むしろ、その強さを証明した形となりました。

そして現在、世界では多くの仮想通貨が開発されています。仮想通貨ビジネスは、そのシステムさえ構築できれば、誰でも参入することができるというメリットがあります。ただしどれくらい流通させることができ、価値の保全制、交換性、セキュリティが保証できるかにかかってはいますが。

次ページの上図は、現在世の中で発行され、取引市場に公開されている仮想通貨です。「coinmarketcap.com」というサイトに行くと、確認することができます。流通量順にランキングになっています。

http://coinmarketcap.com

これを見ると、当然ビットコインが第1位です。

一方、日本国内にも仮想通貨が誕生しています。興味深いのが、まだ上位10種にはランキングされてはいませんが、日本初の仮想通貨「モナーコイン」です。これは、インターネット掲示板「2ちゃんねる」で議論をしていたエンジニアたちが、「ビットコインがつくれるのなら、日本のエンジニアにだってできるだろう」という発想で、2013年末に開発された仮想通貨です。「モナーコイン」の「モナー」とは、2ちゃんねるでしばしば登場するアスキーアート（絵文字）のキャラクター「モナー」からきています。2015年8月現在、モナーコインは流通量で第17位に入ってます。市場規模に関しては、約222万ドル。円でいえば約3億円です。

参照のウェブサイトにある表では、現在663種類の仮想通貨が流通しています。時価総額5000億円。ますますその規模を拡大していっているのです。

仮想通貨の流通量ランキング（coinmaketcap.com）

#	Name	Market Cap	Price	Available Supply	Volume (24h)	% Change (24h)	Price Graph (7d)
1	Bitcoin	$ 3,626,903,431	$ 246.53	14,711,575 BTC	$ 13,150,400	0.68 %	
2	Ripple	$ 167,309,276	$ 0.005150	32,488,247,336 XRP *	$ 142,367	0.77 %	
3	Litecoin	$ 133,831,203	$ 3.14	42,677,535 LTC	$ 1,063,560	0.77 %	
4	Ethereum	$ 46,336,684	$ 0.627413	73,853,560 ETH	$ 103,511	-1.29 %	
5	BitShares	$ 14,674,328	$ 0.005842	2,511,953,117 BTS *	$ 158,867	2.44 %	
6	Dash	$ 13,868,620	$ 2.36	5,881,818 DASH	$ 21,614	0.15 %	
7	Dogecoin	$ 12,138,643	$ 0.000120	101,345,379,306 DOGE	$ 14,954	1.02 %	
8	Stellar	$ 10,275,126	$ 0.002124	4,837,356,606 STR *	$ 1,338	1.57 %	
9	BanxShares	$ 10,074,747	$ 1.87	5,375,808 BANX *	$ 8,125	0.71 %	
10	MaidSafeCoin	$ 9,045,301	$ 0.019987	452,552,412 MAID *	$ 5,611	-1.13 %	
11	Peercoin	$ 8,717,255	$ 0.384251	22,686,356 PPC	$ 11,376	-0.45 %	
12	Nxt	$ 7,877,667	$ 0.007876	999,997,096 NXT *	$ 19,690	-0.14 %	

日本で開発された仮想通貨「モナーコイン」ウェブサイト

ビットコインにとってかわるアトムコイン

アトムコインはほかの仮想通貨と何が違うのか

私どもは、ここまでに説明した仮想通貨の可能性と問題点、すべての知識を踏まえた上で、ビットコインが抱える問題点を解決し、ビットコインにもない特長を備えた仮想通貨を開発しています。それがアトムコインという仮想通貨であり、これらを運営するＧクラウドという事業です。

様々な仮想通貨を研究し感じることは、仮想通貨の多くは技術者の自己満足だということです。自分たちで趣味的につくって、それを見せびらかしたいという仮想通貨が、実は少なくないのです。通貨として生き残り、人類の繁栄に貢献していくためには、市場での流通量を拡大させ、国際的な信用を強化していくという「マーケティング活動」が必要だと考えます。何百という仮想通貨をいろいろ見てきたなかで、そのような取り組みのもとで価値を維持している仮想通貨は、実は少ないのです。

しっかりと価値を維持している通貨に共通していえるのは、次の3つです。

(1) 取引できる市場があるか
(2) 信用と価値を拡大する事業性があるか
(3) 広める人がいるか

実は取引量第1位のビットコインでも、(1)~(3)すべてにおいて不完全、あるいはありません。特に(3)の視点は、あまり問題視されることはありませんが、だからこそ重要だと考えます。あれほど世間を賑わせたビットコインでさえも、広まるのに約5年の年月がかかっています。後発の仮想通貨はその点にも配慮しなければなりません。

これまでの仮想通貨の欠点を踏まえて、今までにないビジネスモデルで成長しようとしているのが、アトムコイン、そしてアトムコインを扱うGクラウドなのです。

価値ある通貨の条件

流通し成長する通貨とは・・・

（1）取引できる市場があるか

世界で幅広く流通し、取引される市場に公開されていなければ、国際的な価値は認められない。

（2）信用と価値を拡大する事業性があるか

所有している通貨と交換するだけの価値をもち、その価値が上昇していくと納得するからこそ、人はその通貨を保有する。

（3）広める人がいるか

存在と通貨としての有用性をアナウンスする人がいなければ、市場拡大は望めない。

ATOMCOIN　G-CLOUD

アトムコインとＧクラウドは、
これらの課題を解決！

ATOMCOIN

アトムコインと金、土地の比較

金との比較

アトムコインの概念を大づかみで理解していただくために、まず金や土地との比較をしてみたいと思います。

まずは量ですが、前述の通り金の総量は約21万トン。未採掘の量は、50メートルプール約１杯分の約５万１０００トンといわれています。

一方、アトムコインの総量は２１００億アトムコイン（ＡＴＣ）です。

取引価格について、２０１５年10月現在、金は1グラム約５０００円前後で取引されています。一方アトムコインは、1アトムコイン＝1円と設定しています（２０１５年４月現在）。

金とアトムコインの比較

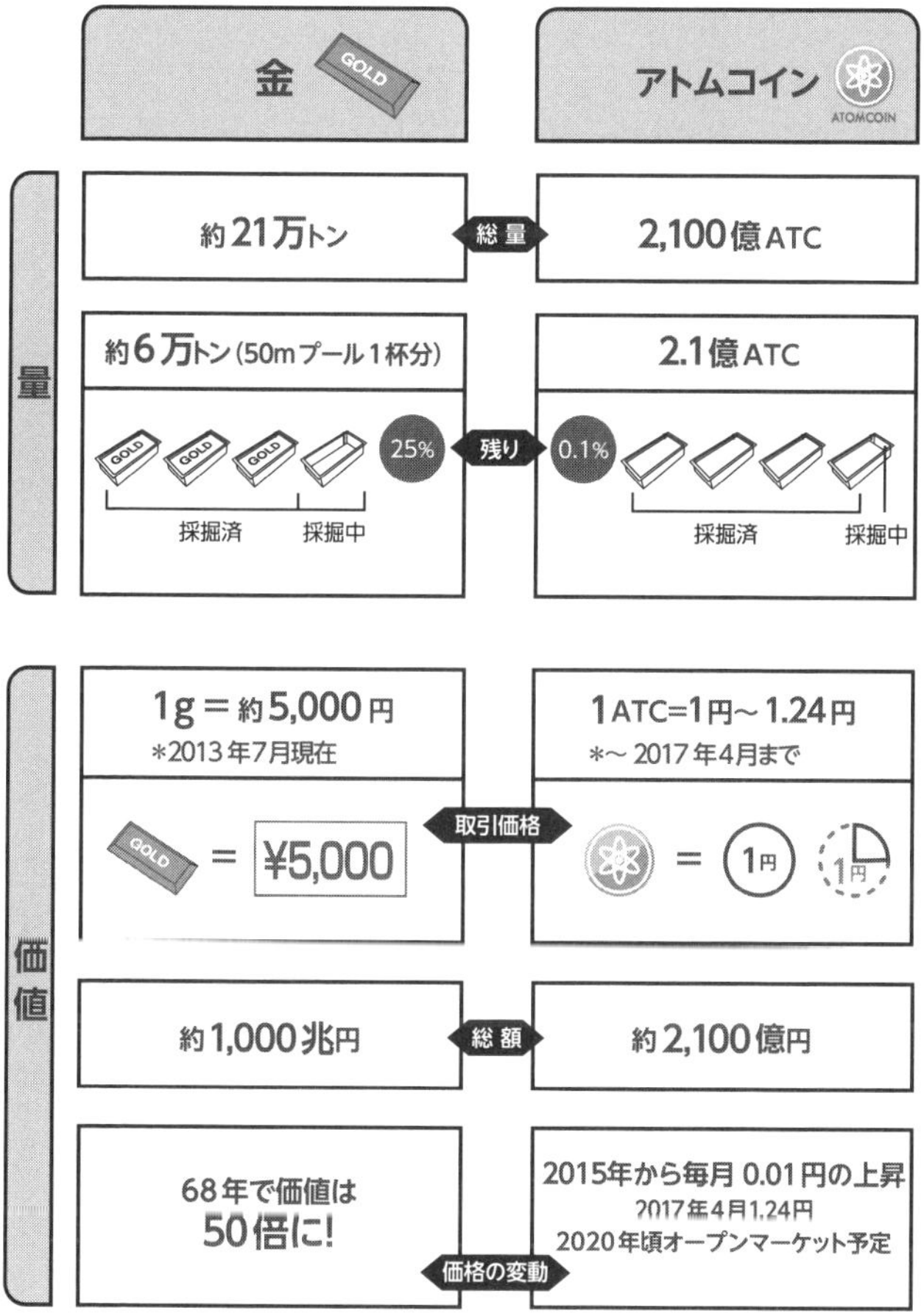

総金額に換算すると、金が約１０００兆円、アトムコインは約２１００億円（現時点での市場規模は約５億円）です。

近年の価格の変動を比較すると、金がここ約70年で価値は50倍となっています。アトムコインは、２０１５年から、年利12パーセントの値上がりがされるように設定されています。

金、土地、アトムコインはどう違うか？ 似ているのか？

では金のほかに投資商品としてよく用いられる土地も含めて、その特徴を比較してみましょう。

まず、取引、つまり価値交換として比較してみます。土地をもってコンビニエンスストアに買い物には行けません。また金でも買い物はできません。この二つは現金に交換（売却）してはじめて、お店などで使える価値といえます。

一方アトムコインは、もちろん現金化して活用することもできますし、デビットカードを利用して、カード決済することも可能です。いずれショップでの決済端末が導入

金、アトムコイン、土地の比較

『金はなぜ価値が有るのだろう？』

優れた換金性

埋蔵量に限りがある

名称	取引イメージ	単位		総量	獲得方法	換金性	総合判定
		名称	最小取引				
土地	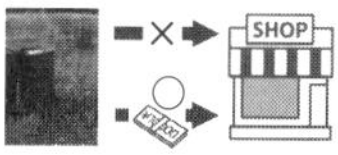	坪	１坪 (3.31m2)	有限 ●埋立てなどにより増加 ●国・場所によって価値が変動	人が専用機械や道具を使って開墾 	悪い ●時間がかかる ●書類の準備が必要	△
金	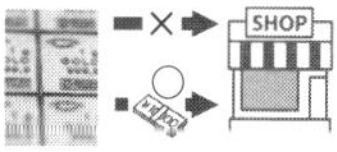	g	0.1g	有限 約21万トン	人が専用機械や道具を使って採掘 	良い ●簡単、すぐにできる	○
ATC	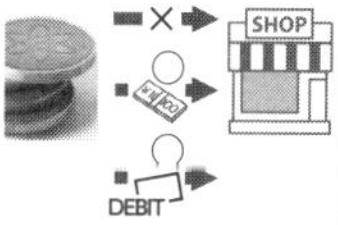	ATC	0.00000001 ATC (小数点８桁)	有限 上限 2,100億ATC	コインツリーの栽培によって収穫可能 	良い ●簡単、すぐにできる	◎

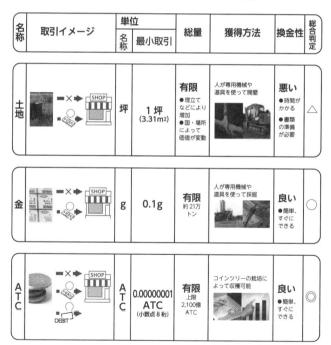

されるようなことになれば、直接、アトムコインでも決済できるようになることでしょう。

総量は、土地、金、アトムコインとも有限です。ただし、土地の場合は、埋め立てなどにより増加する可能性があるほか、国や場所によっても価値が変動します。

獲得方法ですが、土地・金は人が専用機械や道具を使って開墾したり、採掘したりします。アトムコインは、後述するコインツリーの栽培によって、誰もが簡単に収穫することができます。

換金性ですが、金、アトムコインは簡単にできるのに比べ、土地は売買に非常に時間もかかり、準備する申請書類も複雑で、手間もかかります。

以上3つの比較で、アトムコインが金の安全性ももちつつ、手軽に使え、換金できるものということがお分かりいただけたかと思います。

次章でくわしくその全貌を明らかにしていきましょう。

第2章　事業投資としてのアトムコイン

ATOMCOIN

Gクラウドの概要

GクラウドとALIとは？

まず最初に、前章でお話しした「Gクラウド」という事業体の説明をしたいと思います。Gクラウド事業の説明をお客様にする際に、よく質問をいただく点が2つあります。

「これはアトムコインを売り買いするだけのビジネスなんじゃないですか？」
「Gクラウドが企業なのか、ALIが企業なのか、その辺がよく分からない」
という2点です。

Gクラウド、というのは、本書で解説するアトムコインと、アトムコイン市場を成長発展させていく仕組みを運用するひとつの事業体といっていいでしょう。

前述した通り、仮想通貨が流通性をもち、世界中で幅広く使われるようになるためには、いくつかの条件がありました。それは、

（1）取引できる市場があるか
（2）信用と価値を拡大する事業性があるか
（3）広める人がいるか

ということでした。

しかし現実的に、それらすべてを兼ね備えている仮想通貨は、これまで存在してきませんでした。圧倒的なシェアを誇るビットコインであっても、その特長が「主体をもたない」ということであり、それは言葉を換えるとビットコイン自身を主体的に育てようとしていく人は存在しない、ということになります。

これらはあとのページでくわしく解説していきますが、極論をすれば、仮想通貨は、その特性をもつがゆえに、便利で画期的ではあっても、一方で何もしなければ、広く流通させ価値を高めるための条件を満たせない、ということになるかもしれません。

私たちはこの矛盾点を解決し、仮想通貨アトムコインを世界で幅広く流通させ、世界中に認知される通貨にするためには、何らかの能動的なアクションが必要と考えました。その原動力・推進力となるための「事業」が、Ｇクラウドなのです。

このＧクラウドを管轄しているのが、現在香港に拠点を置くアルファライン・インターナショナル (Alpha Line Internatipnal Lminited = ＡＬＩ) という会社です。

ＡＬＩは、セーシェル法人です。セーシェル法人という言葉を聞きなれない方もいると思いますが、これは、税制上メリットの高いセーシェル共和国で法人登記し、国外で活動している法人のことです。

ＡＬＩは、２０１５年5月には、会員間の情報交換の場所である「Ｇクラウドラウンジ」を銀座に、２０１６年にはシンガポールにオフィスをオープンし、その事業をグローバルに展開していこうとしています。

将来的には、Ｇクラウドが提供する新しい決済システムで、アトムコインだけでなく多種の仮想通貨の取り扱いを視野に入れてはいますが、そのなかで使う第一の仮想通貨として現在採用されているのが、アトムコインだという形で認識していただければ間違いないでしょう。

ALIの概要

会社

業界の歴史自体
わずか数年間

↓

上場企業なし

↓

BIT COIN
会社さえ
存在しない

ALI
(Alpha Line InternationalLimited)
セーシェル法人

現状 香港オフィス

↓

Gクラウドラウンジを東京・銀座に
2015年5月OPEN

会員間の情報交換と
サポートの場所

2016年
シンガポールオフィスOPEN予定

アトムコインとビットコインの比較①
使える

使えるお店が拡大途上のビットコイン

実際に、事業でどのように運用していこうとしているのか。その説明の前に、まず、ビットコインとアトムコインで比較をしておきます。

前述の通り、ビットコインは現在、仮想通貨のフラッグシップとして、押しも押されもせぬ地位に君臨しています。

しかし、これから広く流通する通貨としては、いくつかの重要な弱点を抱えています。そのひとつめが、実際にはまだまだ使えるお店がまだ揃っていないという点です。

東京都内でも7店舗ほど、ビットコイン用のＡＴＭを置いていると聞きますが、置いていても、実際には店員が決済処理方法を覚えておらず、対応できないという現実があります。たとえば、実際にお客さんがビットコインで払いたい、と申し出ても、店員が使い方が分からず、レジ前であたふたしている間に「現金で払った方が早いや」と現金決済で終えてしまう。そんなシーンが多々見受けられるのです。

「投機」目的で人気となっているビットコイン

実際、元ライブドア社長の堀江貴文さんも、あるインタビューで「（日常的な決済用途としてビットコインは）日常的に使われるわけがない」「Ｃ２Ｃ（消費者間取引）の電子マネーとしては使いやすいとはいえない」という趣旨の発言をしています。

堀江さんは同時に、現在のビットコインの流行は「投機です」といっています。

これはどういうことかというと、新しい価値をもつビットコインなる商品が登場した。今後値が上がりそうだということで、多くの人が安いうちに買って、高くなったら売ろうと考えて入手した。しかし、そもそも「電子マネー」として活用することは念頭に置いておらず、使わずに保有したまま値上がりを待っている、そういうもち方をしている、ということです。

これではまるで骨董品と同じです。通貨としての流通は失われますから、世界で幅広く「使われる」という面は期待できません。

それに対して、今回アトムコインでは、すでにデビットカードが利用できる仕組みが用意されています。クレジットカードには、クレジット決済と並んで「デビットカード」としての機能を付加したサービスがあります。銀行口座でのデビットカードを所有している方もたくさんいらっしゃるのではないでしょうか？　それと同じように、口座にお金さえあれば、カードで決済できるという仕組みを、アトムコインは実現しているのです。

保有したアトムコインは、すべてＭａｓｔｅｒカードにデポジットして、全世界３８１０万店舗で使えるようになります。この点でビットコインとの流通性は大きく異なるといっていいでしょう。

現在使えるカードに加え、今後そのほかのカードにも対応していく予定です。

アトムコインとビットコインの比較②
管理主体がある

ビットコインにはない紹介制度

ビットコインの取引は、特殊なピアツーピアの技術を使って行われています。つまり、どこかの国が主体となって発行している通貨と違いますし、ビットコインを管理しているという企業というものもないわけです（念のために付け加えておきますが、前述のＭＴＧＯＸ社は、ビットコインを取り扱っていた「取引所」であり、発行主体ではありません）。

これはどういうことかというと、入手した人がいくらビットコインの宣伝をしたところで、ビットコインの組織から紹介料がもらえたり、報酬がもらえたりということはないということです。

一方、アトムコインに関しては、Ｇクラウドという事業主体があります。Ｇクラウドでは、アトムコインの市場性を高め、価値を高め、信頼性を高めるための様々な実事業運営を行う計画を実行中です。

イメージしやすいように、たとえ話で説明してみましょう。

ここにＧクラウドという国があったとします。Ｇクラウド国の事業が反映し、多くのユーザーがアトムコインを利用することで、世界中のユーザー、投資家が、アトムコインを価値のある通貨と認めるようになると、世界での相対的価値がますます高まっていくということになります。

目減りしていく日本円とまさに反比例するイメージが浮かんだでしょうか？

また、現在、アトムコインの紹介を広げてくれる方に、ＡＬＩから報酬が出る仕組みを構築しています。ビットコインとは違い、能動的に周知を広げていこうという仕組みです。

成長するG-Cloudとアトムコイン

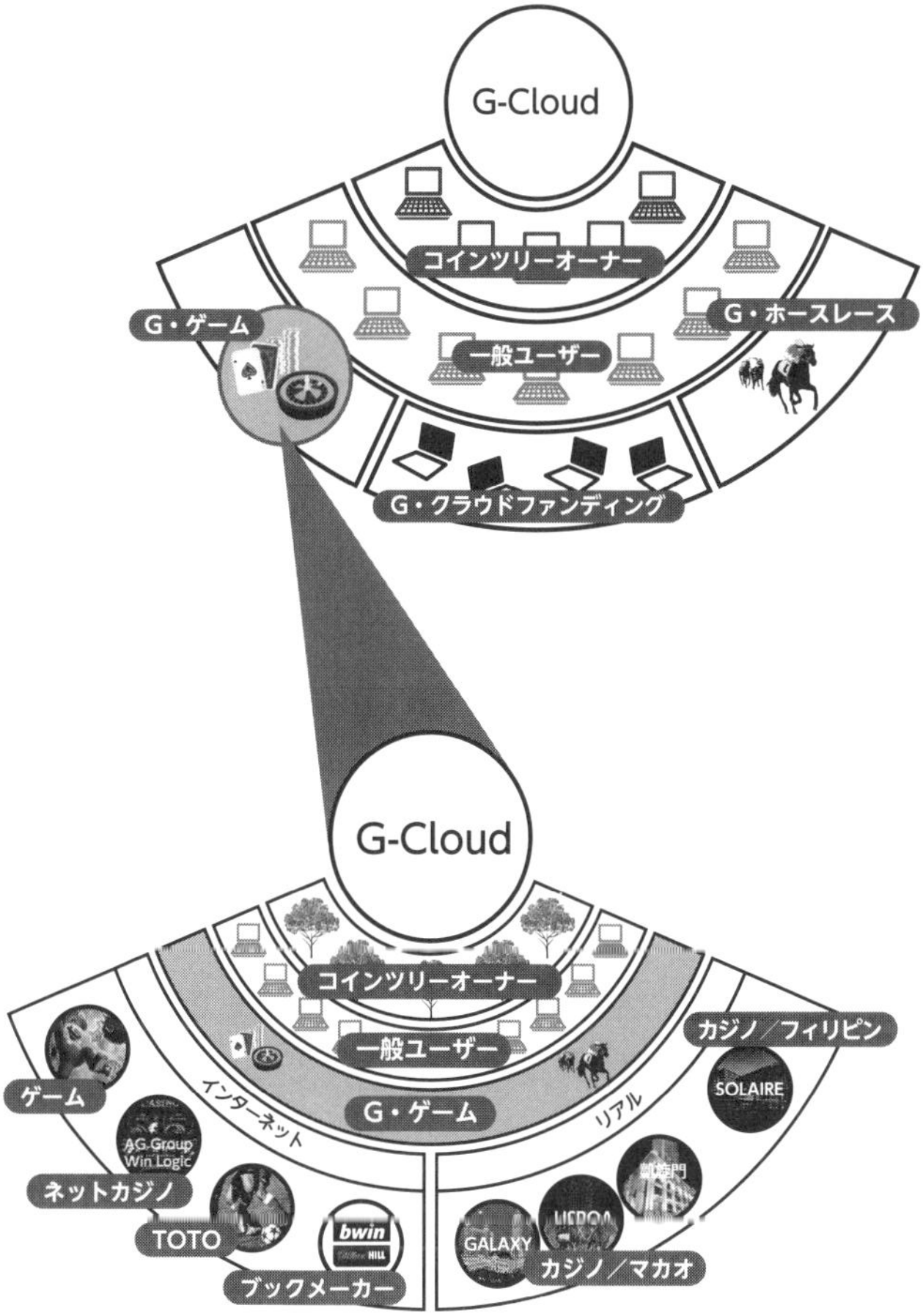

アトムコインとビットコインの比較③
売り方、買い方が分かる

「買えば儲かる」というわけではない

あともうひとつ、ビットコインには「売り方、買い方が非常に複雑で分かりにくい」という欠点があります。

ビットコインをはじめとして、仮想通貨に投資して儲けませんか？　という様々な事業説明会が、各地で開催されています。

しかし、先ほどの堀江さんの話にもあったように、そのほとんどは、投機的に儲けることをすすめるものです。つまり、基本的には、「安いうちに買っておいてください。これは絶対値上がりするから、高くなったら売りませんか？」という説明がなされているわけです。

相対取引の注意点

これに投資して、
価値が上がれば、
儲かるぞ・・・
なんてこった！
買ってくれる相手が
見つからないなんて！

相対取引は、買ってくれる人がいて初めて
成立するもの。

実は、そのような説明会に参加されている投資希望者の多くが、実際の「売り方、買い方」にはくわしくない人たちです。

「安いうちに買っておいて、高くなったら売ればいいんだな」ということは理解できても、「どこかが買い取ってくれるんだろう」と漠然と思い込んでいる方が、実はとても多いのです。推測では、半分以上の方々がそうなのではないかと思います。高齢な方には、特にその傾向が顕著です。

基本的に、仮想通貨は相対取引で取り扱われるものです。ＦＸと同じように、売り手の値付けがあって、買い手の値付けがあって、両者のコンセンサスが取れたところではじめて市場価格が決まり、売り買いが成立するということです。つまり、売りたいときには買ってくれる方を探さないといけません。

このマッチングを行うのが、問題になったマウンド・ゴックス社などの、いわゆる取引所で、ここが売り手と買い手の斡旋をして、取引上の管理をしています。ですから、非常に売り方、買い方が複雑で、慣れない方がスムーズに対応できるものではありません。

それに対してアトムコインは、現在、ＡＬＩがその供給を一括管理しています。そのため、供給量もＡＬＩがきちんと把握できており、またＡＬＩ主導で価格が付けられるようにコントロールしているので、売ったコインはすべてＡＬＩ側で、定められたレートで買い取るというシステムになっています。ですから、仮想通貨にくわしくない一般の方々でも安心して売買ができるわけです。

扱いやすさが向上すれば、投資する面でのハードルが下がります。この点でビットコインよりも非常に手厚い仕組みになっているということは、今後アトムコインの人気が出る要因にもなります。

全世界の通貨を視野に

さらに、ＡＬＩでは、アトムコインだけではなく、全世界の扱っている仮想通貨を一括して取引できるような、いわば仮想通貨の銀行システムのようなサービスを構想に入れています。いずれはこの事業を新規に立ち上げるためのオフィスも設立される見込みです。

拡大していくGクラウドとアトムコイン

アトムコインを入手する際のお金の流れを分かりやすく説明したいと思います。図は、ＡＬＩという企業と、アトムコインを購入したいと考えている方が、どのような取引を行うかを示したものです。

２０１５年10月現在、購入希望者には、アトムコインを使う際の窓口となる「ウォレット」と呼ばれる口座（財布）のようなものを、無料で配布していますが、そのお金がどう流れていくのか説明しておいた方がいいかもしれません。

もし直接ウォレットをつくる場合には、香港にあるサーバーに直接アクセスしていただきます。そこにあるレジストレーションページで、指示に従い登録作業をしていただければ、1分程度で簡単に口座が開設できます。これですべてＯＫです。

後述する「コインツリー」を購入し育てたい、という方は、5段階に用意されたランクに応じた金額の日本円を、口座に振り込んでいただければＯＫです。

アトムコインとGクラウドのお金の流れ

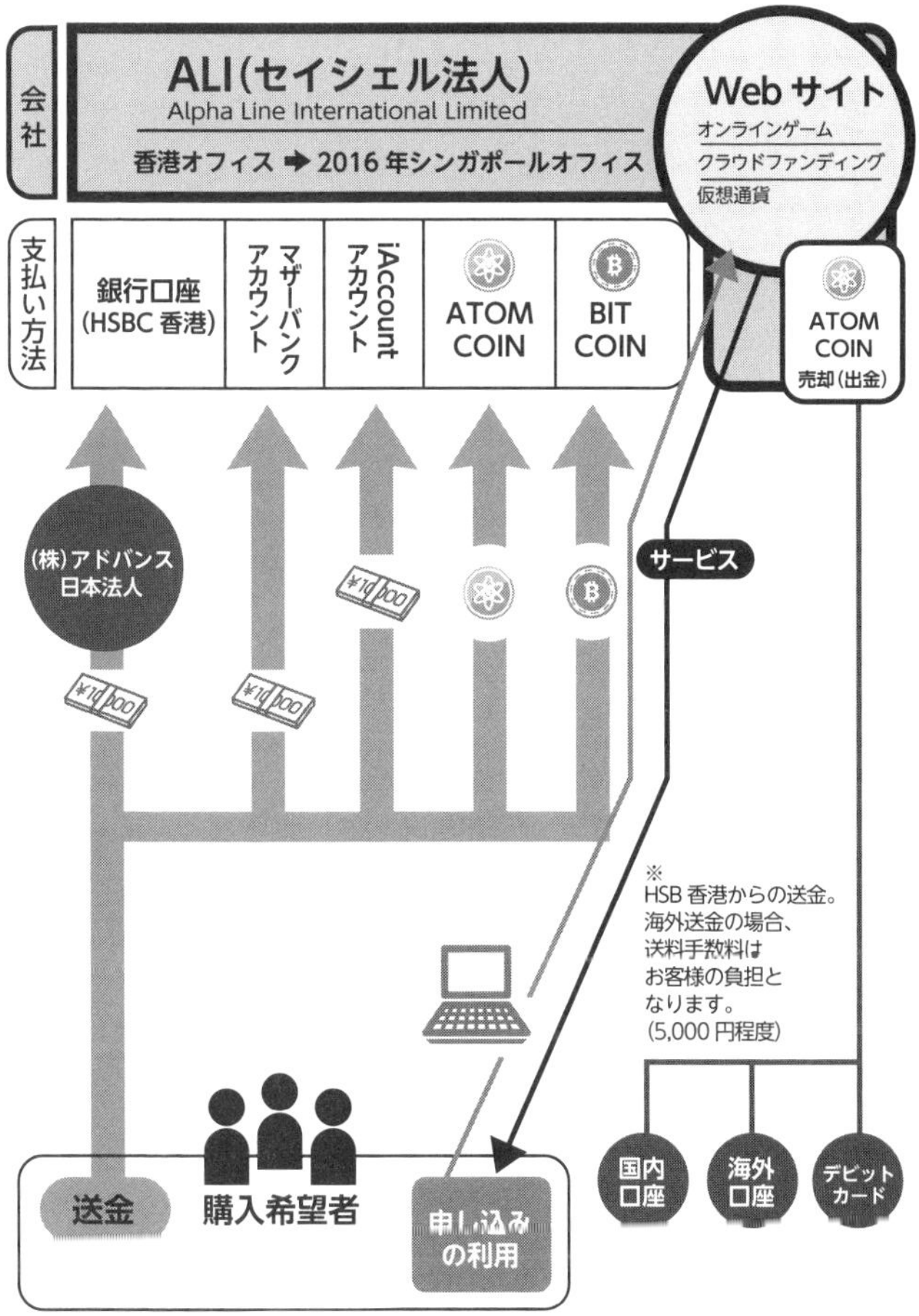

入金の確認が取れると、あなたの開設したウェブ上の口座のウォレットに、注文した分のアトムコインが入っている。そういうシステムになっています。

Ｇクラウドで活用している「ＨＳＢＣ香港」の口座と並んで、現在インターネットでも普及しているネット決済の口座も用意しています。これが「マザーバンク」と呼ばれるものです。

マザーバンクは、アトムコインをカード支払できるようにするための銀行口座とお考えいただければよいかと思います。ウォレットから自身で開設したマザーバンクの口座にアトムコインをデポジットします。この口座でアトムコインを保有しておくと、そこからアトムコインを直接支払に利用したり、いくらかをＭａｓｔｅｒカードにデポジットしておくことで、店頭でのデビットカード決済に利用できたりします。

もちろん、ＡＬＩとのやりとりということでいえば、すでにもっているアトムコインを直接入金することもできますし、ゆくゆくはビットコインも入金することができるようになります。

「でも、どちらにしても、まずインターネットで入金するという段階で抵抗がある……」という人もいるのではないでしょうか？　そんな方でも安心してください。近々

マザーバンク開設からご利用の流れ

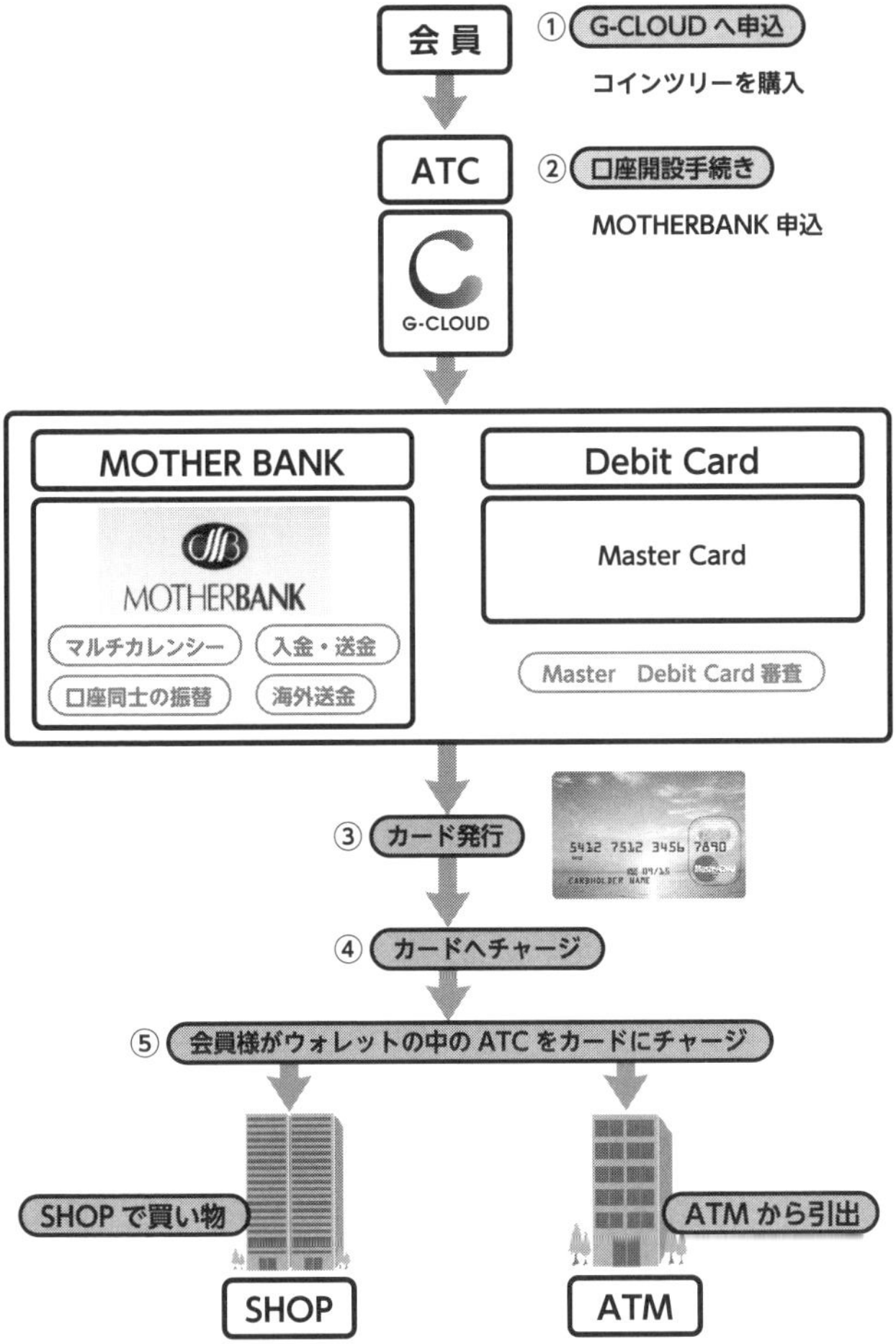

Gクラウドのコインストア（イメージ図）

Gクラウドは、実際のコインの売買を取り扱うリアル店舗を、福岡県博多市にオープンする予定です。この店舗では、基本的には銀行口座からオンラインでやりとりするアトムコインほかGクラウド上の通貨の取引を、対面の手続きでお受けできるようになります。まず手はじめに博多からスタートしますが、ゆくゆくは、全国に展開していく予定です。

　このように、これまでの仮想通貨と比べて、お金の出し入れ、そして決済方法が格段に簡単になるのが、アトムコイン、Gクラウドの特長なのです。

Gクラウドの事業プラン①
ゲーム市場への参入

ゲーム業界で普及しているプリペイドカード式の電子マネー

では、実際に具体的な事業展開のイメージは、どのようなものなのでしょうか。

まず最初は、インターネット上で現在広く使われるようになってきているコンテンツ型のサービスです。具体的には、ゲームやSNSで使われるコンテンツを、アトムコインで買えたり取引できたりする、新しい決済システムをつくっていこうとしています。

今、ゲーム市場はどのような様相になっているか、ご存知でしょうか？

ファミコン、スーパーファミコン、プレイステーションというゲーム機器が出始めの30～20年前には、ゲームといえばこれらの機器にセットして楽しむ、いわばソフト

（カセットやディスク）として提供されていました。

　その後インターネットが登場、発展し、ゲーム端末自体も小型化・携帯化するとともに、インターネット決済の仕組みも簡便化し、ゲームもオンラインで行われるものが主流となってきました。

　また、料金も課金制が普及してきています。はじめは電子マネーでの決済に抵抗があった状況も、現在は随分なくなってきています。

　次ページの写真は、コンビニエンスストアやゲーム販売店等で販売されている、ゲームのプリペイドカードです。国内だけでももう数百種類……もしかすると数千種類が流通しているのかもしれません。

　たとえば、ユーザーが１０００円分買ったとすると、そのカードに記載されたコードを、専用サイトにログインし入力するだけで、１０００円分のゲームができる権利を手に入れることができるのです。

　しかし、主流となっているプリペイドカードにも難点があります。各メーカーや各タイトルごとに異なった仕様のカードで発行されていたりすると、互換性がもてない、という点です。

多種多様なゲーム用プリペイドカード

コンビニエンスストアでも販売されている

使わないで余ってしまう、ということがなくなる

あともうひとつは、プリペイドカードは一応電子マネーの一部ではあるのですが、前払い式のカードなので、返金ができません。

よくあるのが、あるゲームをプレイしようとして1万円分のカードを買った場合、ゲーム内で、そのうち５０００円分だけコンテンツを購入したが、残り５０００円余った状態で、そのゲームに飽きてしまったようなときです。このとき、余った５０００円がどうなるかというと、ゲーム運営会社によっては１８０日経つと会社に吸収されてしまいます。余った分を返金してくださいと主張することはできません。

アトムコインは、これらの決済を一元化できる世界を目指しています。アトムコインをゲームの電子マネーとして採用することで、ひとつのゲームに飽きたとしても、課金した余りのマネーが無駄になってしまうということはなくなり、別のゲームでも使用できるようになります。つまり、買い過ぎる、ということがなくなるのです。すべてウォレット上から決済できるので、必要な金額だけをチャージすればＯＫです。

ゲーム内仮想通貨が仮想通貨から現金に変わる!?

ゲームで稼いだお金が現実に！

Ｇクラウドがゲーム市場で世界に大きな革命を起こそうとしていることがもうひとつあります。それは、ゲームを楽しんで獲得した「ゲーム内の通貨」を「現実の仮想通貨」として換金する、という仕組みです。

たとえば、スクウェア・エニックスの「ファイナルファンタジー」の世界だと、ゲーム内で使用されている「ギル」という通貨が存在します。ゲーム内で、様々な武器や道具を購入したりするためにモンスターを退治したりミッションをクリアすることで、このギルを稼ぐわけです。

一方、「ドラゴンクエスト」の世界内には「ゴールド」という通貨が存在します。

この「ギル」や「ゴールド」は、あくまでゲーム内の世界で買い物をするための通貨であって、それぞれ互換性があるわけではありません。また、現実の通貨として現金化することも、もちろんできません。

もしこれがすべてアトムコインで管理できるようになってくるとどうでしょうか？　自分がゲーム内で集めたコンテンツとしてのコイン。これをアトムコインを介して現金化できてしまうということです。

これは今までにない、新しい産業の予感がしますよね。

やり込みゲーマーが億万長者になる夢

長い就職氷河期もあって、実は1日の長い時間をゲームに費やしている（あるいは費やさざるをえない）人が、かなりの数存在します。

結構な高学歴で、頭脳も非常に明晰で優秀、労働力もあるにもかかわらず、自分が行きたい会社がなく、警備員のアルバイトをしている。そういう方々で、毎日かなり長い時間モニターの前に貼り付いて、株の取引をやったり、ゲームで遊んでみたり、という人がたくさんいるのです。いわゆる「やり込んでいる」人たちですから、当然ゲーム内では億万長者になっています。

現在は、そこで稼いだお金が現実のお金になるわけではありませんから、その人たちの努力は社会の経済活動に何ら貢献しているとはいえません。しかし、インフラが整備され、これらのお金がアトムコインで売り買いできるようになるとどうでしょうか。今もっているゲーム内通貨が合法的に現金に換えられるということです。こうなると、こんなゲーマーでさえも、経済活動に参加してくる形になってしまうのです。新しい産業が起きてくる期待さえ感じます。

今お話ししたことは決して夢物語ではありません。ゲームをやり込んだ結果である「コンテンツ」は、インターネットオークションで実際に取引されている例もあるのです。

たとえば、「パズル＆ドラゴンズ」の「ランク５００」のアカウントを2万円で販売するというような。これは、ゲームのコンテンツ内でゲームレベルを上げたり、お金を稼いだり、特殊アイテムを獲得したりする労働対価を、時間がなく手っ取り早く入手したい人が買い取るという、ごく当たり前の取引です。そう考えると、ゲーム内部の通貨が現金に換えられるという仕組みも、まったく絵空事ではないことはお分かりでしょう。

プロゲーマーは当たり前になってきている

実は、日本は世界的には特殊な国なのです。というのは、日本には資金決済法など様々な規制が多く、ゲーム内のデータ通貨を実際のリアルマネーに換えるなどということについては、まだまだ法律的に解決しなければならない問題が存在するのです。

しかし、世界的に見ると、意外にもプロのゲーマーという職業が成り立っている地区もあるのです。

海外では、「エレクトロニック・スポーツ（ｅスポーツ）」という名称で、複数のプレイヤーで対戦されるゲーム上のプレイを、実際のスポーツを行うのと同じように捉える動きがあります。エウレカコンピュータに所属する犬飼博士は、ｅスポーツを次のように定義しています（ウィキペディアより）。

「プレイヤーの行動をデジタル化してコンピュータ上で競技するスポーツ」

「工業社会に生まれたモータースポーツの様に、情報社会に生まれた新しいスポーツ」

そのなかで、ゲームをプレイすることをビジネスにしている人たちが、メーカーのスポンサリングを受けて、プロとして活動していたりもします。ヨーロッパあたりではかなりメジャーになっています。

海外だけではなく、日本でもその動きが見られます。都内でも3カ所ぐらい、プロゲーマーを養成する専門学校があります。ただし、ほとんどがプロ野球選手と同じような形で、どこかのスポンサーを受けて年間契約費を受け取って活動する、という、スポンサリング、言い換えれば広告活動形式の仕組みでのビジネスを目指すものといっていいでしょう。

もしこれが、アトムコインのような現実の通貨で自由に売買できるビジネスモデルで成立するようになると、メーカー対スポンサーという形を取らなくても、個人でゲーム内通貨を稼いで直接的に経済活動に置き換えよう、という人がたくさん現れてもまったく不思議ではありません。これはある意味、日本という特殊な市場のなかで現実化しうる、革命的なことだと思っています。

世界随一のゲーム市場日本

保有端末の多さを物語る日本のダウンロード数

私がこれだけゲーム市場について熱く語るのは、理由があります。それは、日本が世界のなかでも、ゲームに関してはとんでもないモンスターマーケットとなっているからです。

　１０１ページのグラフは、世界の国別ゲームダウンロード数と、国別のゲーム収益を示しています。

　まずダウンロード数ですが、１位は当然、米国です。ｉＯＳに限っていうと、米国と中国の２カ国が世界の40パーセントを占めていることが分かります。ブラジルは過去１年で、ｉＯＳ、Google Playを合わせたゲームダウンロード数で世界２位に浮上してきました。

日本は第7位です。各国との人口の差を考えると、日本の順位は非常に高いものといえます。

この理由は何か？　カギは保有する端末の種類にあると思っています。日本国内でのリサーチの結果、家族の人数よりもダウンロード端末の数が多いという家庭がほとんどでした。みなさんもご自宅の様子を想像してみてください。ほとんどのご家庭にパソコンがあると思います。携帯電話もみなさんもっているでしょう、もっといえば、スマートフォンとガラケーの両方をもっている方もいるかもしれません。それとは別にＮＩＮＴＥＮＤＯ　ＤＳや、ＰＳＰなど、ポータブルのゲーム機ももっている方もいます。そういう複数のダウンロード分がすべてカウントされてくるので、日本は上位にランクされているのだと思います。

収益は世界でダントツ1位

ところが、一方で、ゲーム収益を比較すると、日本・米国・韓国が、Google Play

におけるゲーム収益の70パーセント以上を構成し、なかでも日本がダントツの1位となっています。ｉＯＳについても、お膝下米国に迫る勢いです。

日本のこの状況を、実は全世界のコンテンツホルダー、メーカー、企業は注目しています。日本はこういうダウンロード型コンテンツが非常に根付きやすい国だと。

「はじめに」にも示したとおり、今回ＡＬＩが、Ｇクラウドという新しいインターネット上での決済システムを日本発で始めようと考えた理由はここにあります。

与党でも非常に前向きに議論が進められている

少し話が逸れますが、ＡＬＩが日本初でＧクラウドを展開していこうと考えるもうひとつの理由は、日本の政策が、今後このビジネスに追い風として働いていくだろうという動きを見せているからです。

現在、与党自民党では、ＩＴ戦略特命委員会資金決済に関する小委員会を設立し、「ビットコイン」などの仮想通貨に対する法規制について本格的に議論を始めています。今年の7月には、福田峰之小委員長は「新しい事業者の可能性を潰さないような

国別ゲームダウンロード数（2014年12月）

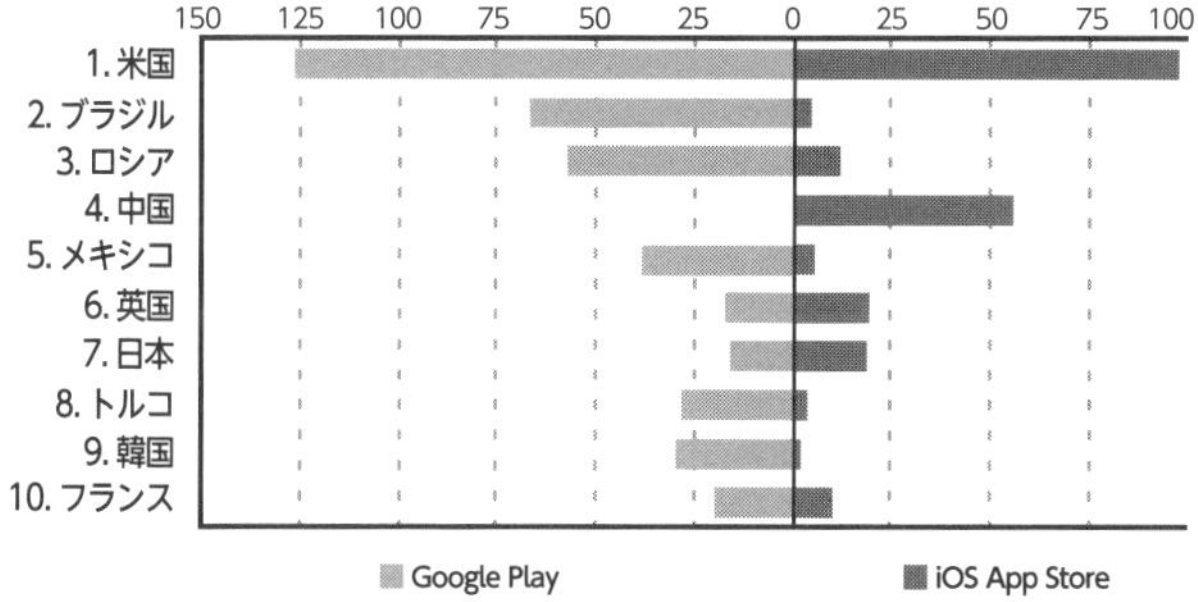

国別ゲーム収益（2014年12月）

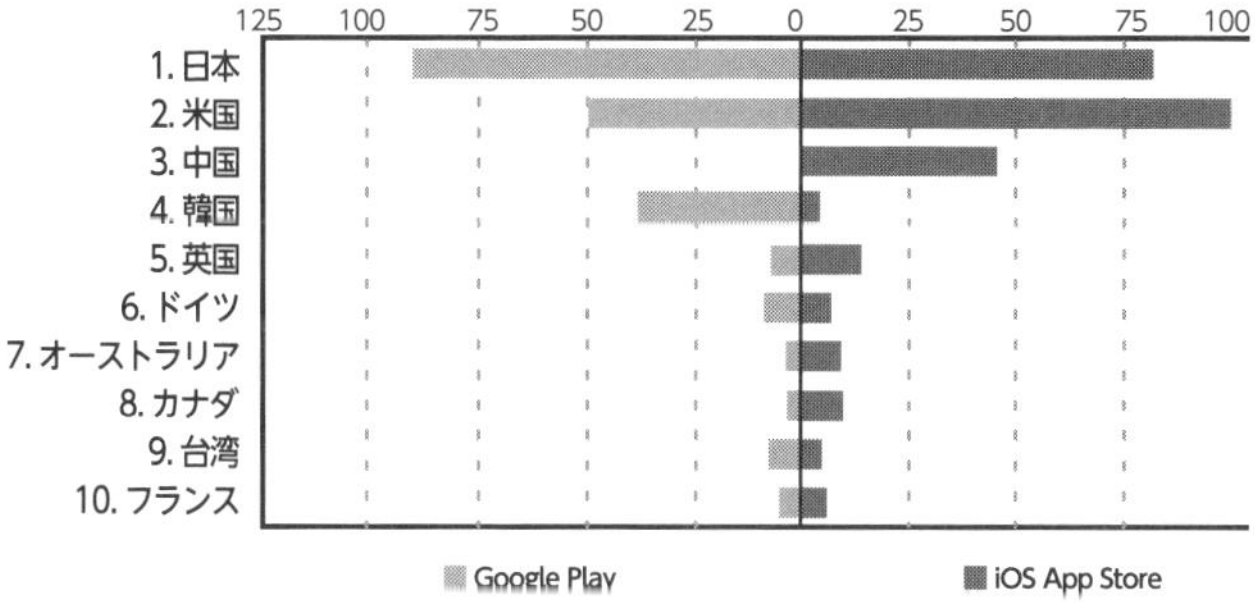

制度を検討したい」と述べています。次に引用するのは、同会が２０１４年６月に出した中間報告の骨子です。

① 仮想通貨に対する基本方針：自己責任とチャレンジを重んじ、規制せず暖かくビジネスを見守る。

② 仮想通貨は、通貨ではなく、物でもない、新たな分類の価値記録（価値をもつ電磁的記録）と定義する。

③ 出資法（預り金規制）、銀行法（為替取引）、資金決済法、犯罪収益移転防止法等既存法を適用しない。

④ 団体を設立して、届け出制とし、本人確認、情報開示、セキュリティ等に関するガイドラインによる自主規制とする。

⑤ 価値記録と通貨、物、他の価値記録との交換には消費税（仕入税額控除可）、キャピタルゲイン課税を適用する。所得を捕捉するためのモニタリングシステムは導入しない。

政府与党がこのように仮想通貨の取り扱いについて整備を急ぐのは、これから仮想通貨が日本の主役のビジネスになってくるのではないかという考えがあるからだといえます。

十数年前「ＩＴ立国」といわれた国家のスローガンも、結果はどうなっているかというと、韓国やインドの後塵を拝しているような状況です。これからますます少子高齢化が進み、労働力も低下し、日本の国際的な経済活動がかなり厳しい状況になってくるといわれているなかで、起死回生、日本はこの仮想通貨、価値記録分野を世界一やりやすい国にして、世界中から投資を募り、多くの企業を誘致しようとしていると考えられます。

現時点での基本的なスタンスとしては、価値記録に対する既存法には、どの法律にも適用されないとし、自由な発想で様々なビジネスを立ち上げてくださいという形になっており、ビジネスが非常にやりやすい状況になっています。

仮想通貨分野について非常に前向きで、押せ押せの雰囲気を出しているということと、日本のゲームマーケット自体が将来性があり魅力的ということで、今回、Ｇクラウドの発信地拠点を日本にしたのです。

ATOMCOIN

利益率の非常に高いゲーム業界

他事業と比較すると一目瞭然

これまでの説明内容だけでも、日本におけるゲームというコンテンツが、ビジネスにおいてどれほど魅力的なものかということが十分お分かりいただけたかと思います。しかし、魅力的なのはそれだけではありません。ゲーム事業というのは、それ自体が非常に収益性の高いものなのです。

ネットゲーム事業が、どれだけ収益性の高いものなのかを見ていきましょう。図は、日本の主要企業の営業利益率です。超大手企業のパナソニックで0・6パーセント。つまり、10万円のエアコンを1台売って、利益はたった600円ということです。

ちなみに、各事業種別の対売上高経常利益率もまとめてみました。全業種平均が2

主要企業の営業利益

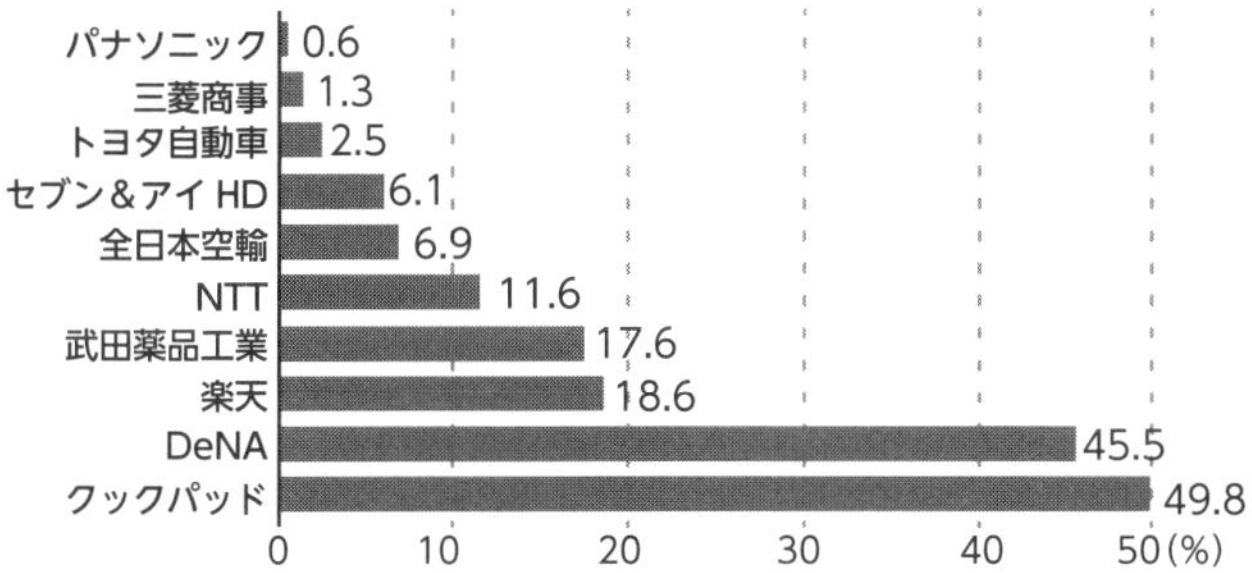

主要業種の売上高経常利益率

利益率	売上高形状利益率(%)			
業種／年度	平成 21 年度	平成 22 年度	平成 23 年度	平均
全業種平均	2.6	3.7	3.3	3.2
製造業	2.6	4.5	4.1	3.7
電気・ガス業	4.6	5.5	-4.5	1.9
情報通信業	6.3	6.1	5.9	6.1
卸売業	1.5	1.9	2.1	1.8
小売業	2.2	2.8	3.0	2.7

オンラインゲーム会社の営業数値

	売上高	経常利益	対売上高 経常利益率
GREE	1582,31億円	819,35億円	51.78%
DeNA	1777,28億円	808,61億円	45.50%
GungHo	1730,69億円	935,24億円	54.04%

〜3パーセント。表中の業種では、いずれも1桁台なのです。これはそのほかの業種を見ても、そう大差はありません。

一方ネットゲーム業界はどうでしょうか。上図は、現在日本で人気となっているネットゲーム事業を代表する企業、同名のサービスで各種ゲームを提供しているＧＲＥＥ、「モバゲー」で有名なＤｅＮＡ、「パズル&ドラゴンズ」が大ヒットしたソフトバンク傘下のＧｕｎｇＨｏ、各社の売上高、経常利益、対売上高経常利益率です。

いずれも5割ほどの経常利益率となっています。それほど、ネットゲームというのは収益性の高いものなのです。

アトムコインで遊べる「Gゲーム」の世界

確実な利益が見込める各種ゲームビジネス

Gクラウドでは、前項で説明したような、巨大かつ非常に高収益な日本のゲーム市場でビジネスを開始し、その過程で「大きな儲けが出ている非常に面白いシステムがここにある」という既成事実をつくり、世界の注目を集めた上で、全世界に発信していく、というプロセスを考えています。

具体的に展開していく取り組みのうち、大きな目玉となるのがGゲームというものです。Gゲームでは、世界のネットゲーム会社と提携し、事業をスタートする時点から世界中のユーザーを巻き込んで、多様なオンラインゲームサービスを展開していきます。そこでアトムコインが活用できるようになることはいうまでもありません。

すでに多くのユーザーがプレイしているオンラインゲーム

オンラインゲームサービスは、２０１５年11月にはＧクラウドとして正式にサービスを開始します。なかでも世界中で人気となっているのが、オンラインカジノです。世界には、いくつかインターネット上でのオンラインカジノがあります。これを同じように、アトムコインによってプレイできるように運営するのです。

カジノ場は、厳しい審査とセキュリティにより、公平性と安全性が保たれています。アカウントをつくりライブ会場にログインすると、今まさに、リアルタイムで行われているゲームの様子をライブカメラで見ることができます。「録画して加工した映像を流しているのでは？」と疑うなら、サイトに記載されている電話番号に電話をすると、ライブカメラで映し出されている会場のボードに自分の電話番号が表示され、実際にリアルタイムであることが確認できます。

現在、２社のゲーム事業者と契約を完了し、リリースが決定しています。そのうちのひとつは、レッドシャークスという、Win logic という会社が主催しているオンラ

AG グループが提供しているオンラインカジノ

Winlogic 社・Redsharks の「ジュラシックパーク」スロットゲーム

インゲームサービスです。ここは、数百種類の日本向けのサービスをリリースして運営しているサイトで、ここにあるのすべてのコンテンツが、アトムコインを使って遊べるようになる予定です。

カジノ事業のビジネスモデルがどんなものか、よく分からない方もいると思います。カジノには、胴元の控除率（運営元が一定して獲得する手数料のようなものでしょうか）というものがあり、テーブルに掛け金を1回置くごとに、金額の約5パーセントが手数料収益となるといわれています。たとえば、1回のベットで１００万円置かれたとすれば、５万円がカジノ側の平均的な取り分です。

レッドシャークの開発元によると、本サービスをリリースし拡大するにあたっては、1年間のキャンペーン企画を実施し、直接顧客を開拓したそうです。その結果、現在では約４０００人のアクティブユーザーが定着し、継続的にサービスを利用し続けているとのことです。月ごとの純利益でいうと、キャンペーンをかけた月で10億、何もしない平時には約4億の純利益となっているそうです。

ちょうど今、Ｇクラウドのビジネスメンバーが約１０００名程度になってきています。先ほどの利益モデルから換算すると、さらに安定した利益を生み出す可能性があ

カジノの利益構造

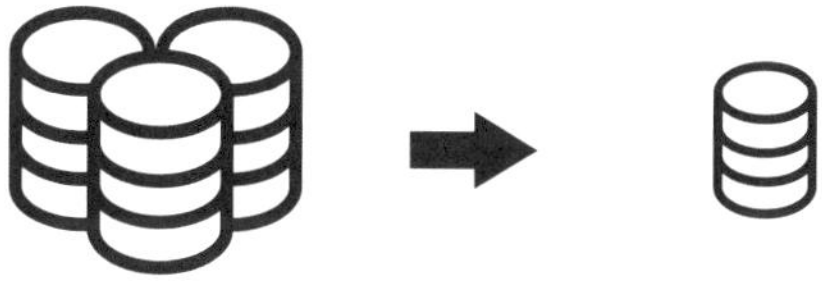
100 ドルベットした場合、
うち５ドルは手数料として
胴元へ

るといえそうです。

もう1社はマカオ、フィリピンに拠点をもつＡＧグループというゲーム運営会社です。ここはネットゲームと同様に、リアルのカジノ場も運営しています。こちらのゲームコンテンツもすべて、「Ｇゲーム」の冠のもと、ゲームが提供されていきます。

両者とも、すでにユーザーを獲得した状態でスタートするというのは、魅力的な話ですね。

もちろん、Ｇゲームで提供するのはカジノだけではありません。１１２～１１３ページにあげているような、多彩なゲームを次々と提供していきます。

ATOMCOIN

様々なオンラインゲーム①

スロット

ジュラシックパーク

スペクタクルな衝撃とスリル溢れる感動！
6千5百万年前、巨大な恐竜達が3Dスロットで蘇える！
ブラキオサウルスのフリースピンでは
ミステリーマルチプライヤー（払出し倍率UP）の出現で、
一撃数千枚の獲得も可能！
賞金は最大95,000ドルまで！

バットマン

激アツワイルド演出盛りだくさんの
バットマン新台入荷致しました！
3連ワイルドがMAX4本出るマルチワイルド機能や、
フリースピンストック機能と
マルチプライヤー（倍率）、バトルボーナス機能。

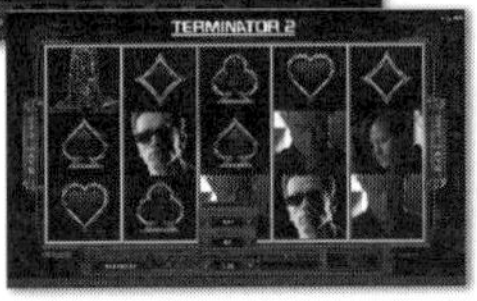

エイリアン

20世紀フォックスから
ライセンスを取得して使用しています。

ルーレット

定番のアメリカンルーレットです。

ターミネーター2

ダダンダンダダン♪
でお馴染みのあの男がスロットで登場です！
フリースピン中は驚愕の
1,024通りのペイラインにもかかわらず、
ライン選択がないので、初心者の方にも
ハードコアスロッターの方にもオススメです！

様々なオンラインゲーム②

すごろく

かわいいウサギが金を発掘するために
金鉱を探検するすごろくゲームです。
途中で待っている数々の罠を
くぐり抜ければ見事に金獲得です。

パズルゲーム

ぷよぷよを彷彿させる新感覚の
スロットがリリース！
２０個連鎖でクリスタルチャ～～ジ！！
爽快感ぶっ飛びアクション満載です。

ロト

キノはビンゴのようなゲームで、
８０個の数字の中から最大で
10個まで数字を選んで
当たった数に応じて賞金獲得です。
10個すべて当たったら配当は
1万5千倍！

株 TOTO

銘柄の組合せ“全て”の勝敗（「値上がり率」が高い銘柄が勝ち）を予想し、
“全て”的中した人に当せん金が支払われます。

スポーツベット

好きなスポーツの
試合の勝敗や、
点数などを予想して
見事的中した人に
当せん金が支払われます。

Gクラウドの事業プラン②
クラウドファンディング

事業開発と事業投資もできる場所を提供する

ここまでにご説明した「Gゲーム」は、それ自体でアトムコインの市場拡大と流通性を進めていくものですが、同時に、まずは成功パターンを全世界のコンテンツホルダーの方々にも見せていくためのものでもあります。

「日本というゲーム先進国で、アトムコインというものを保有しているお客さんが数万人規模存在する」「そこで実際にカジノやゲームが行われ、儲かった人たちはそこで稼いだアトムコインを換金してリアルマネーに替えて利用している」ということを、世界中に見せるのです。

そして、最終的にはどういうことを考えているかというと、この空間を様々なコン

LINEのクリエイター登録数

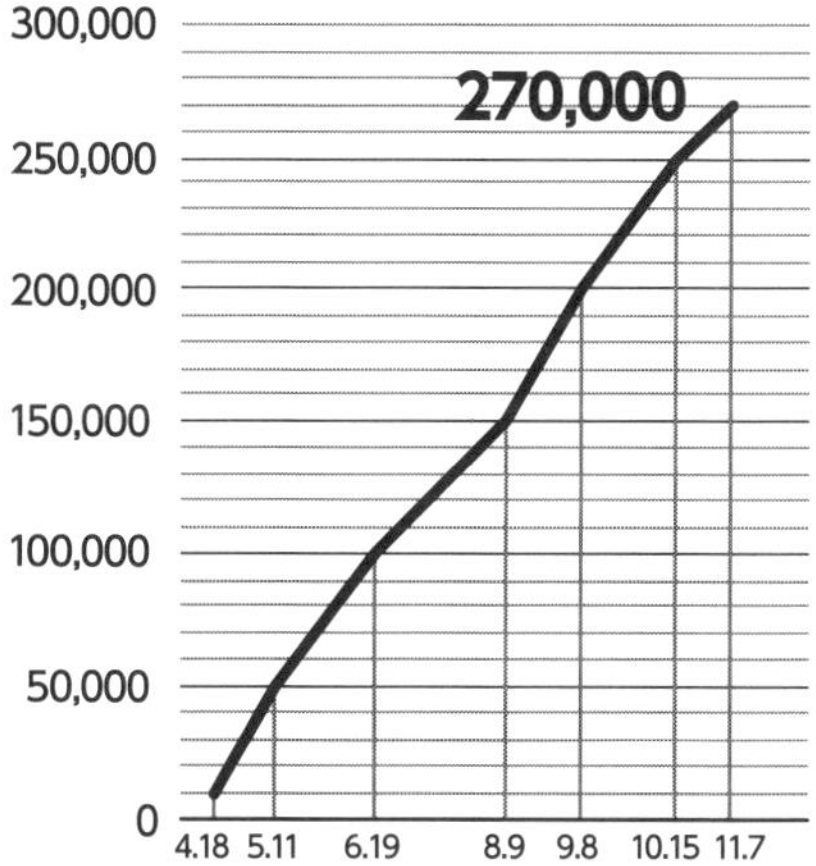

テンツ開発の場、またコンテンツ開発で利益をえるための投資の場として、拡大していきたいと思っています。最近よく聞く、「クラウドファンディング」です。

ＬＩＮＥは「魔法の壺」を手に入れた

例として、非常に似ているのがＬＩＮＥで運営されている「クリエイターズスタンプ」です。ＬＩＮＥは現在、世界約３億人に活用されている、押しも押されもせぬＳＮＳの雄です。このＬＩＮＥが、２０１４年に「あなたもラインスタンプのイラストを描いてみませんか？」というサービスを始めました。誰もがラインのスタンプをつくることができ、それを気にいったユーザーに販売することができる仕組みです。

現在、全世界で、スタンプのイラストをつくる「クリエイター」として登録している方々が27万人。そして、初年度の売上が35億円。しかも上位トップ10の平均月額売上が3600万。そのうちの35パーセントがイラストを描いたクリエイターたちに配られているわけです。さらに2015年に入って、上位のトップ10の平均月額売上が1億円になっているということがニュースで取り上げられていました。

2014年に、LINEが上場するかもしれないという話が聞かれました。その際、「1株あたりの価額がYahoo!を超えるのではないか」「過去最高額が出るのではないか」などと噂されましたが、その根拠となったのが、このクリエイターズスタンプです。

メディアの見解のなかには「ラインは無限に増える魔法のコンテンツの壺を手に入れてしまった」というコメントもありました。つまるところ、イニシャルコストなしで27万人が勝手にコンテンツを生産してくれるわけで、あとはそれを売って、数パーセントをクリエイターに還元するだけという、とてつもない高収益ビジネスを手に入れた、ということを意味しているのです。

Gクラウド　クラウドファンディングの仕組み

「ゲーム」は呼び水にすぎないかもしれない

Gクラウドはこのケースと似た形で、アプリケーション開発をはじめとするコンテンツ作成・販売が誰もできる仕組みを提供しようとしています。しかも、開発資金の部分をクラウドファンディングという形で、世界中の開発者・クリエイター、誰もがアトムコインで集められるような仕組みをつくります。

もちろん、これに関わる開発費用の回収、コンテンツの無料ダウンロードなどの提供の仕組み、コンテンツ課金制になる場合の決済・回収の仕組み、これらもすべてGクラウド側でやっていく予定です。

コンテンツ会社として参加したい企業ないし個人は、自分が本当につくりたいゲームやコンテンツを提供するだけ。投資家として、伸びそうな事業に投資し利益をえたいと思う方には、入金・配当などの複雑な流れも、すべてアトムコインのウォレットを使って投資家に還元します。

前述した「Ｇゲーム」は、ゲーム事業の成功例を顕在化することによって、誰もがこの仮想空間で同じく利益を獲得することができるということを、世界中に見せつけるためのものです。本当にすごいことが起こるのは、この「クラウドファンディング」の仕組みの部分だと考えています。

世界中の開発者が心待ちにしている

Ｇクラウドが提供するクラウドファンディングの仕組みについて、ここで整理しておきたいと思います。

Ｇクラウドには3種類の人たちがいます。開発者、投資家、ユーザーです。

ゲームをつくりたい開発者には、開発したいゲームの概要や、開発に必要なコイン数、投資家にどれだけの配当ができるのかをアピールできるページをＧクラウドは提

クラウドファンディングの仕組み

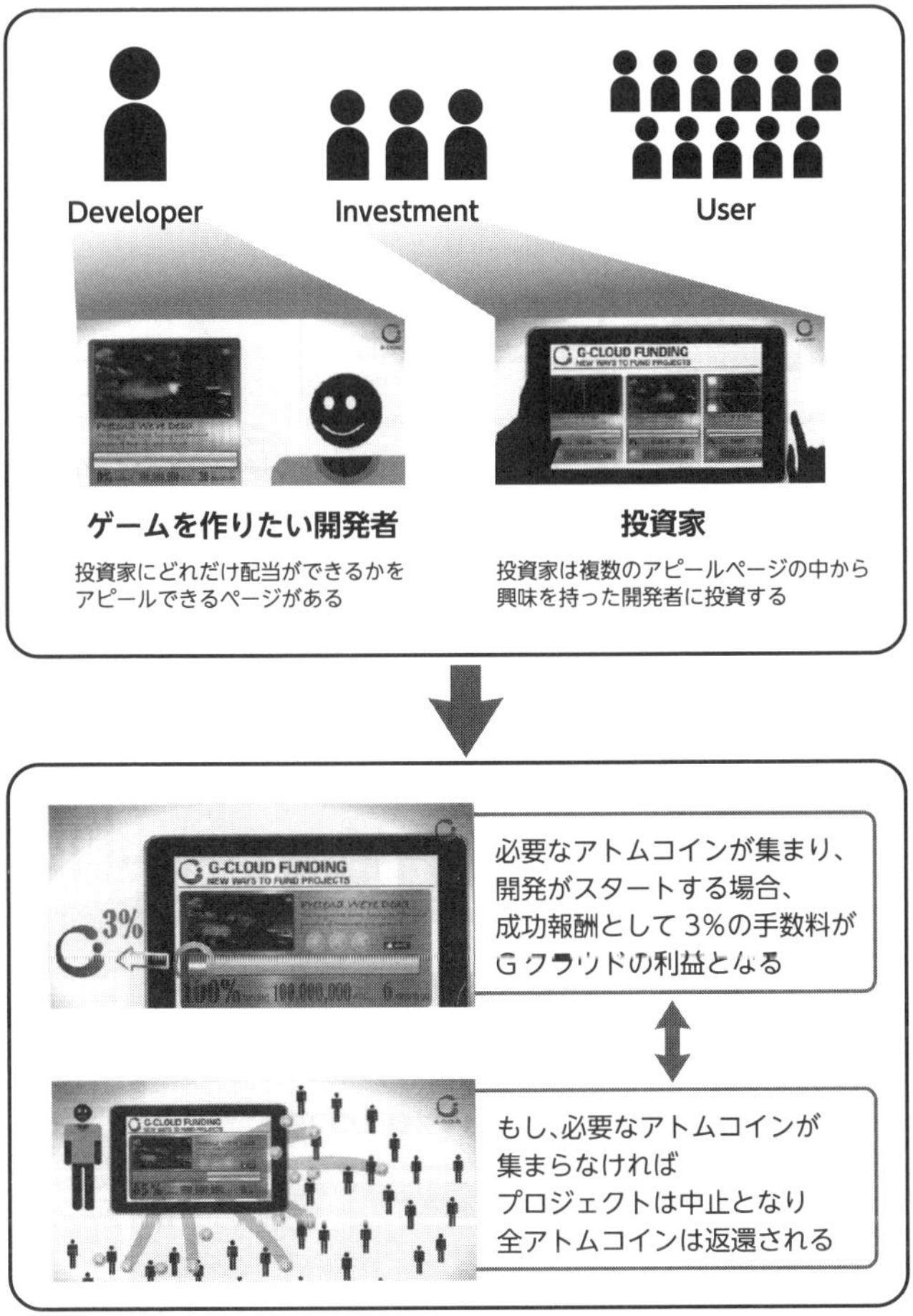

供します。

投資家は複数のアピールページのなかから、興味をもった開発者に投資します。ここでもし、必要なアトムコインが集まらなければ、そのプロジェクトは中止となり、そこまでに集まったアトムコインは返還されます。

必要なアトムコインが集まり、開発がスタートする場合、成功報酬として3パーセントの手数料がＧクラウドの利益となります。

世界中で常にいくつも発生するプロジェクトが成立するたびに、３パーセントの手数料がＧクラウドの収益になるのです。

Ｇクラウドのクラウドファンディングの大きなポイントは、アトムコインという世界共通通貨を使っていることです。既存のクラウドファンディングのシステムは通貨が制限されているため、国境を越えた参加ができません。その点、Ｇクラウドは世界共通通貨アトムコインを使っているため、国境、人種、世代、通貨の壁を越えて、誰もが参加できるわけです。

しかも、この完全成功報酬型の仕組みは、世界中の有能なたくさんの開発者を、固定費なしで雇用しているようなものです。

世界中のクリエイターが、G クラウドのクラウドファンディングを心待ちにしている。

　一方で世界中の開発者も、このサービスの開始を心待ちにしています。クラウドファンディングの仕組みはすでに各地で提供されていますが、先述の通貨の問題に加え、地域や分野で認知が制限されるため、かならずしも十分な額が集まるとはいえない状況でした。Ｇクラウドのこの仕組みが完成すれば、投資家は世界中から、企業・個人を問わず参画できるので、世界中から資金調達の可能性が広がるということです。またそのやりとりもＧクラウドまかせで、面倒な作業は必要ありません。開発者にとっても夢のような話なのです。

　Ｇクラウドでは、まずこうした事業の提示をもとに、２０１７年頃までの期間で一気に市場開拓をしていきます。同時にインフラの充実を進めつつ、一般ユーザーを獲得していきます。

　繰り返しますが、コインの売買をするのがメインではありません。もちろんコインの売買をするなかでメリットが発生はしますが、一番のメインコンテンツとしては、Ｇクラウドのサービス上で発生するコンテンツの利用料金をどんどん配当してくことがメインディッシュだと思っていただければ一番よいかと思います。

アトムコインはどんどん値上がりしてきている

値上がりが確定しているアトムコイン

アトムコインの価格自体は今、どんどん値上がりしています。現在のところ、アトムコインは一般市場には公開しておらず、ＡＬＩが主体となって、すべてＡＬＩのコントロール下でコイン価格を調整できるように管理しています。その上昇率は年間12パーセント。言い換えると、月に1パーセントずつ上がっていくイメージです。これは売る場合も買う場合も同じです。

買取り価格レートは２０１５年12月に1アトムコインが約０・83円になる予定です。２０１７年の5月になると、1アトムコイン＝1円となり、つまり投資した金額と等価で売買できる状態になりますから、リスクがないといえるでしょう。

さらに、２０１９年ぐらいまでを導入期と設定し、内部コンテンツやインフラを整備しつつ一般に仕様公開していくこともビジョンに入っています。

仕様公開の際に、メインの仮想通貨を現在のアトムコインの仕様でそのまま継続していくのか、もしくは仕様公開用の新しいコインにエクスチェンジするのか、そのあたりは現在検討中ですが、いずれにしても、ビットコインなどと同じ土俵に乗せて、世界の仮想通貨ユーザーに向けて情報展開し、世界中の誰もが売買できるようなシステム、個人間でも売買できるようなシステムに乗せていく予定です。

ほとんどの仮想通貨は流通していない

現在の仮想通貨の市場自体の成り立ちというのはかなり特殊です。

前述したcoinmarketcap.comのウェブサイトで確認すると、１位は当然ビットコイン、ダントツ一人勝ち状態です。それと比較して、あまたの仮想通貨が、どれくらいの値段が付いているかという点ですが、正直なところあまり値段は付いていません。

多くの仮想通貨が値段が付かない一番大きな要因としては、やはり流通です。仮想通貨は通貨ですから、個人間、企業間の間で経済活動のなかで流通してはじめて通貨としてのポテンシャルが発揮されます。今あるほとんどの仮想通貨は、実流通に乗っていないものがほとんどなのです。

簡単な話、発行の仕組みと採掘のプログラム、盗まれたり偽造されたりされない仕組みさえきっちりできて公開してしまえば、誰だってつくることができるのです。

coinmarketcap.com のウェブサイトで確認すると、６００位～７００位くらいに位置する仮想通貨には、極論すると、ちょっとおふざけレベルで開発されたと思われるコインが見られますが、そのほとんどが流通していないのが実情です。

次ページの図は、coinmarketcap.com のウェブサイトで参照できる、ビットコインの取引所の一覧です。それぞれの通貨ごとに、公開され取引されている取引所が異なります。

図のように、ビットコインは、多くの取引所で公開されているのが分かります。これが６００番台の順位となる通貨だとどうでしょう？　実際にサイトにアクセスしてみれば、わずかの取引所でしか取引されていないことが分かります。

多くの取引所で取引されているビットコイン（coinmarketcap.com）

Charts　Markets　Social

Bitcoin Markets

Main Markets ▾　USD ▾

#	Source	Pair	Volume (24h)	Price	Volume (%)	Updated
1	Bitstamp	BTC/USD	$ 1,969,010	$ 247.89	14.89 %	Recently
2	OkCoin Intl.	BTC/USD	$ 1,278,430	$ 247.79	9.66 %	Recently
3	Bitfinex	BTC/USD	$ 1,233,140	$ 247.79	9.32 %	Recently
4	BIT-X	BTC/USD	$ 1,221,890	$ 247.59	9.24 %	Recently
5	Coinbase Exchange	BTC/USD	$ 1,051,470	$ 249.10	7.95 %	Recently
6	LakeBTC	BTC/USD	$ 898,482	$ 247.40	6.79 %	Recently
7	BTC-E	BTC/USD	$ 897,640	$ 244.31	6.79 %	Recently
8	BitYes	BTC/USD	$ 532,715	$ 227.62	4.03 %	Recently
9	Kraken	BTC/EUR	$ 459,542	$ 246.91	3.47 %	Recently
10	BIT-X	BTC/EUR	$ 409,171	$ 248.01	3.09 %	Recently
11	BTCBOX	BTC/JPY	$ 342,205	$ 250.74	2.59 %	Recently
12	Quoine	BTC/JPY	$ 238,033	$ 248.01	1.80 %	Recently
13	Justcoin	BTC/USD	$ 179,682	$ 244.86	1.36 %	Recently
14	BIT-X	BTC/GBP	$ 139,713	$ 248.16	1.06 %	Recently
15	Coincheck	BTC/JPY	$ 113,661	$ 250.63	0.86 %	Recently
16	Bitcoin Indonesia	BTC/IDR	$ 107,281	$ 242.30	0.81 %	Recently
17	Livecoin	BTC/USD	$ 101,463	$ 246.65	0.77 %	Recently
18	BTC38	BTC/CNY	$ 98,561	$ 250.83	0.75 %	Recently
19	Gatecoin	BTC/USD	$ 84,177	$ 245.39	0.64 %	6 hours ago
20	BTC-E	BTC/RUR	$ 73,910	$ 245.50	0.56 %	Recently
21	MonetaGo	BTC/USD	$ 72,505	$ 236.82	0.55 %	Recently
22	CEX.IO	BTC/USD	$ 64,747	$ 249.57	0.49 %	Recently
23	Gatecoin	BTC/EUR	$ 62,655	$ 245.53	0.47 %	6 hours ago
24	Coinsetter	BTC/USD	$ 59,998	$ 247.59	0.45 %	Recently
25	HitBTC	BTC/EUR	$ 51,674	$ 260.42	0.39 %	Recently
26	BX Thailand	BTC/THB	$ 45,609	$ 248.51	0.34 %	Recently
27	Loyalbit	BTC/USD	$ 45,162	$ 247.00	0.34 %	Recently
28	HitBTC	BTC/USD	$ 38,069	$ 258.97	0.29 %	Recently
29	The Rock Trading	BTC/EUR	$ 36,053	$ 247.42	0.27 %	Recently
30	Livecoin	BTC/EUR	$ 33,141	$ 245.40	0.25 %	Recently
31	Bittylicious	BTC/GBP	$ 30,679	$ 281.55	0.23 %	Recently
32	BitBay	BTC/PLN	$ 30,306	$ 246.56	0.23 %	Recently
33	Bitonic	BTC/EUR	$ 23,473	$ 245.72	0.18 %	Recently
34	CEX.IO	BTC/EUR	$ 17,012	$ 247.16	0.13 %	Recently
35	Kraken	BTC/USD	$ 11,932	$ 247.12	0.09 %	Recently
36	MonetaGo	BTC/JPY	$ 10,906	$ 235.90	0.08 %	Recently
37	CAVirtex	BTC/CAD	$ 10,861	$ 247.18	0.08 %	Recently
38	Livecoin	BTC/RUR	$ 10,801	$ 244.19	0.08 %	Recently
39	MonetaGo	BTC/CNY	$ 10,521	$ 237.50	0.08 %	Recently
40	BitKonan	BTC/USD	$ 10,017	$ 247.94	0.08 %	Recently
41	MonetaGo	BTC/CAD	$ 8,975	$ 245.28	0.07 %	Recently
42	MonetaGo	BTC/MXN	$ 7,483	$ 245.83	0.06 %	Recently
43	MonetaGo	BTC/RUB	$ 5,426	$ 252.30	0.04 %	Recently
44	Cryptsy	BTC/USD	$ 4,962	$ 259.25	0.04 %	Recently

しっかり育てた上で仕様公開を

今回、Ｇクラウドの考えていることは、実際に流通システムをしっかりとつくっていこうということです。アトムコインという仮想通貨をベースにしてインターネット上で新しい決済システムをつくり、様々なサービスやコンテンツを整備した上で、数十万人の方々が日常的に活用している状態をつくります。

なおかつ、ＡＬＩの管理下で年間12パーセントずつ価格を上昇させるようコントロールしていきますので、公開する時期には、数十万人の方々がおよそ売却金額１・５円くらいのレートで利用しているというベースを構築した上で、単なる投機目的ではなく、実流通が期待できる（というよりもされている）仮想通貨として、仕様公開していく、ということです。

今、仮想通貨をある程度管理・規制していこうという国際的な動きも出てきています。そういう諸事情も考慮に入れた上で、値段が上がるであろうベストな時期を見計らい、仕様公開していく予定です。

それらが実現するとき、多くのアトムコインを保有している方々のなかには、とてつもない経済的成功をおさめる方々が数多く出てきても不思議ではないでしょう。発行コイン数は、ビットコインの1万倍あります。ビットコインでもかなりの成功者が出ているわけですが、その1万倍ぐらいの成功する方々が出てくるのではないか、我々はそう期待しているのです。

セールスコミッションが発生する

あと、アトムコイン所有者にもたらされるもうひとつの大きな経済的なメリットは、次章でも解説する、Gクラウドをプロモーションしてくれた方々への、セールスコミッションの仕組みです。

まずは、本ビジネスを立ち上げるにあたって、いち早く口コミで動いてくれた方々に大きな収入を取らせていこうという形でキャンペーン企画などを企画実施していますので、ＡＬＩ側からの毎月のコミッションがどのくらいあるのかという部分も魅力的なところです。

「フリーミアム」という考え方

「無料」から広がるサービスの形

「フリーミアム」という言葉を聞いたことがあるでしょうか？

これは、「フリー」と「プレミアム」を掛け合わせた造語で、最近重要視されている新しいビジネスモデルのことを指します。

基本的な考え方としては、あるサービスを提供する際に、基本的なサービスは無償で提供し、一部の機能を有料にすることで、全体の収益の最大化を目指すものです。

考え方は２００９年に米国雑誌「WIRED」の編集長であるクリス・アンダーソン氏が著書『FREE』で紹介し有名になりました。

フリーミアムにはいくつかの形態があります。

ATOMCOIN

1　使える機能が増える

基本サービスは無料で提供し、有料会員になることで、プラスアルファの機能が使えるようになるというものです。アプリケーションでの可能保存ファイル形式が増えたり、音声ソフトでいうと、録音可能な時間が延長されたり、というものです。

2　制限された機能が解放される

無料提供の段階では一部の機能が制限されており、有料会員となることでそのプロテクトが外れ、全機能が使えるようになるというものです。「COOKPAD」や「はてなブログ」などが、この機能を活用しています。

3　使用できる容量が上がる

有料になることで、使用できる容量が増えるというものです。「DROPBOX」のようなウェブ上でのファイル共有サービスでは、有料会員となることで、使用できるサーバー容量が増えたりということが行われています。

フリーミアムの考え方

フリーミアムとは…

free（無料）＋Premium（有料）

無料のサービスを多数のユーザーに提供し、
高機能または追加された特別な有償サービスによって
収益を得るビジネスモデル。
ウェブ上では、95% が無料ユーザーであっても 5% の有料
ユーザーがいればビジネスは成立すると言われている。

フリーミアムでは、
有料ユーザーの比率を高めることよりも、まずは裾野を拡大することが求められる。
無料のサービス利用者を増やせば、有料サービスに移る絶対数も増えるという戦略である。

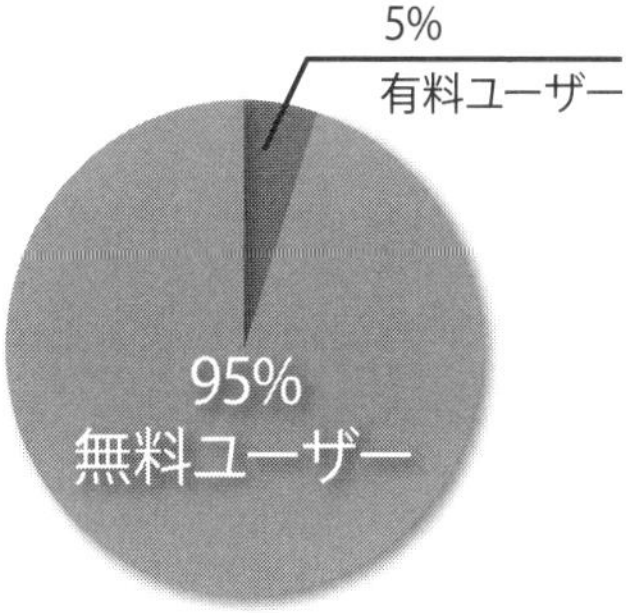

4　有料会員への限定コンテンツが利用できる。

有料会員のみが使用、閲覧できるコンテンツを提供しているサービスです。新聞のサイトなどでは、トピックや最新記事のみは無料で提供し、一定期間を過ぎたバックナンバーについては有料会員にのみ提供されるというものです。

5　割引特典など、金銭的なメリットがある

有料会員になることによって、割引クーポンがもらえたり、無料サービスが受けられたりという、金銭的なメリットが発生するサービスを提供する形式です。グルメ情報サイト「食べログ」のプレミアムサービスでは、プレミアム会員限定で、95〜１００パーセントもの割引が可能なクーポン券を発行したりしています。

6　追加で課金が発生する

たとえばゲーム自体は無料で遊べるが、そのなかの特別なアイテムや、回復アイテムなどを追加で購入できるというものです。特に有名なのはＬＩＮＥスタンプでしょう。有料スタンプの売上は、２０１４年で10億円を突破しているそうです。

フリーミアムの種類

① 利用可能な機能が増える

有料会員になることによって使える機能が増えるタイプ。

例　@cosme／Evernote
Similar Web／Skype
STORES.jp／食べログ
ナビタイム／Backlog

② 機能制限が開放される

①項と似ているが、有料会員になれば制限される機能が開放されるという点を、有料課金への導線に設定しているサービス。
ホームページ上の機能を利用しようとした際に、「この機能は有料会員限定です・・・」という表示を見たことがあるのではないでしょうか?

例　クックパッド／schoo
食べログ／チャットワーク
ニコニコ動画／はてなブログ
ライブドアブログ

③ 利用可能な容量がアップ

クラウドサービスでよく見られる形式。利用できる容量を増やしたいというヘビーユーザーを有料会員として呼び込む仕組み。

例　Evernote／クックパッド
Dropbox／Backlog
はてなブログ／ferretplus
ライブドアブログ

④ 有料会員限定コンテンツ

有料会員のみが閲覧できるコンテンツを有料会員特典として置いているサービス。
お金を払ってまで見たいとユーザーに思わせるには、いかにクオリティの高いコンテンツを生成できるかが重要。

例　@cosme／クックパッド
cakes／NewsPicks

⑤ 金銭的メリットがある

有料会員になることで割引特典やランニングコスト削減が可能なタイプ。

例　Amazon／@cosme
クックパッド／SPIKE
食べログ

⑥ 都度課金するタイプ

ソーシャルゲームのように瞬間風速的に射幸心を煽ることで課金を促すサービスと相性が良い。

例　ameba ピグ／LINE スタンプ
ソーシャルゲームの
ゲーム内課金

今回私たちがＧクラウドのなかで展開しようとしているのが、このフリーミアムの考え方です。入り口ではなるべくたくさんの方にゲームやカジノで遊んでもらい、そのなかでどんどんアトムコインを購入し使ってもらう。少し前はネット決済に対する抵抗がありましたが、すでに今や昔。多くの方がネット決済を便利なものとして、積極的に活用しています。ＬＩＮＥの成功事例を見ても、提供するコンテンツが面白ければ人々は競って購入してくれます。まさに今最先端であり、収益を見込めるのが、このフリーミアムの考え方なのです。

フリーミアムで展開するGクラウド

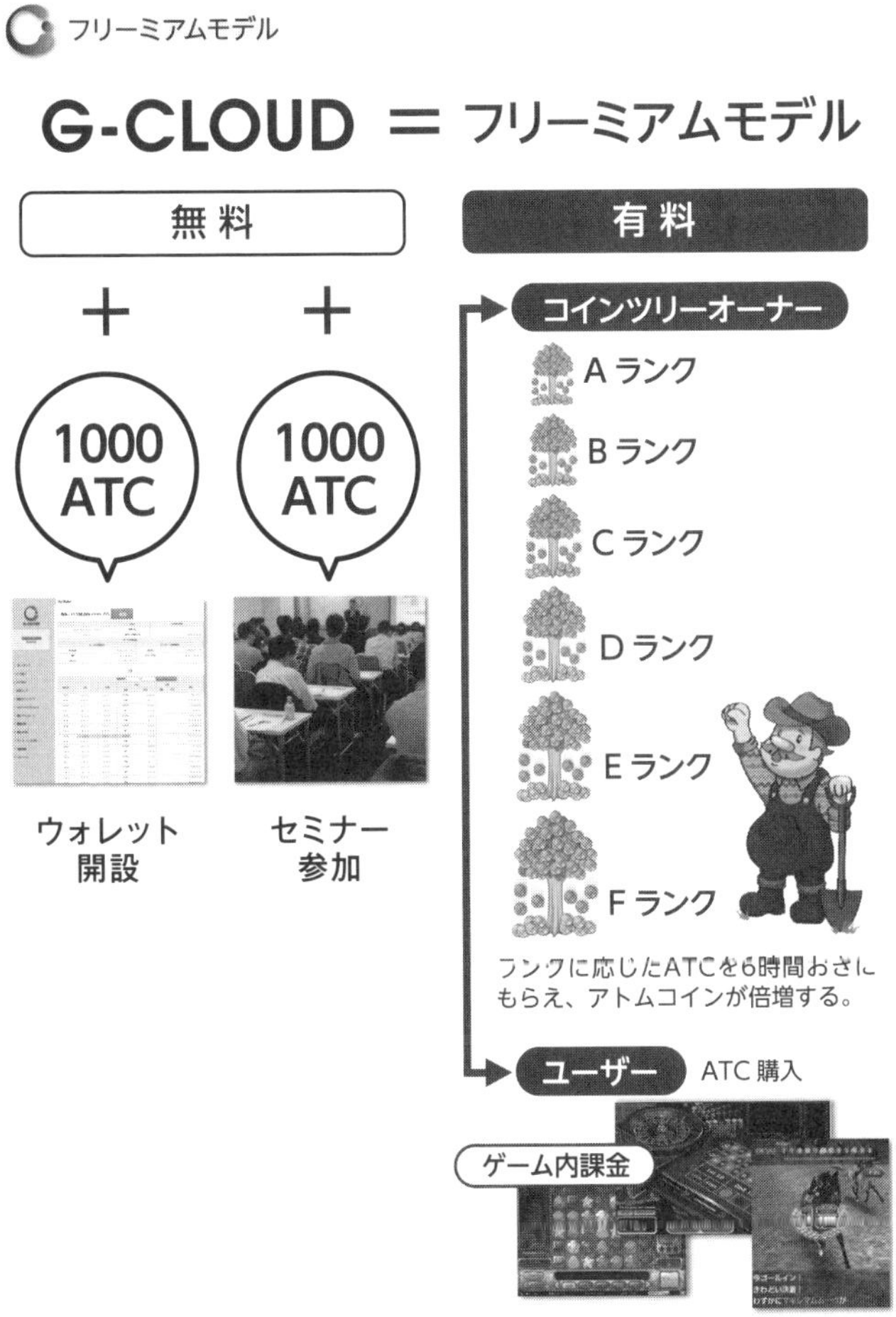

第3章　アトムコインを始めてみよう

アトムコインを入手する

コインの入手方法

現在、アトムコインは、口コミにより限定した形で発行、提供しています。したがって入手するためには、すでにアトムコインをもっているどなたかに紹介してもらう必要があります。

本来はそういう形ですが、現在、このアトムコインをより多くの方に知っていただき、またＧクラウドのビジネスにたくさんの方に参画していただくために、様々なキャンペーンを実施しています。

まずはウォレット新規開設時には、はじめから１０００ＡＴＣが入ったウォレットを新規で無料で開設しています。

アトムコインキャンペーンのご案内

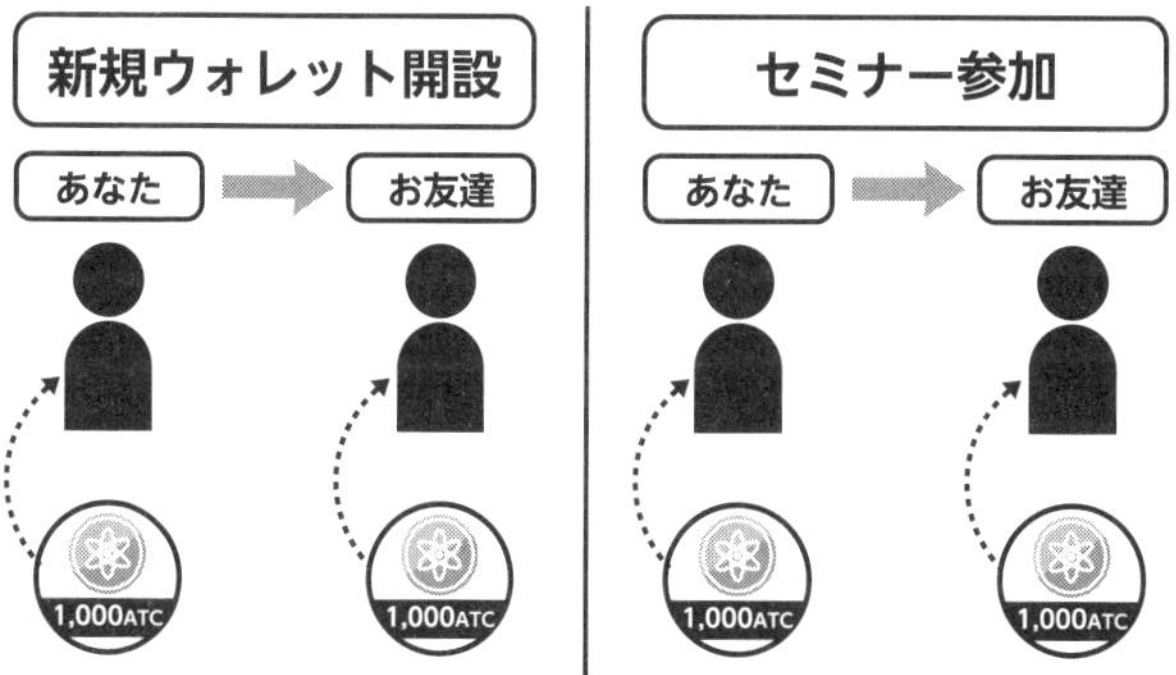

※新規参加者は、セミナー中のウォレット開設で発生
※紹介者がセミナー会場にいなくても発生

例

あなた（既存会員）が新規の方を連れてセミナー参加　新規の方がウォレット開設　した場合

	ウォレット開設		セミナー参加		TOTAL
	ウォレット開設	お友達の新規ウォレット開設	参加	動員	
あなた	—	○1,000ATC	○1,000ATC	○1,000ATC	3,000ATC
お友達	○1,000ATC	—	○1,000ATC	—	2,000ATC

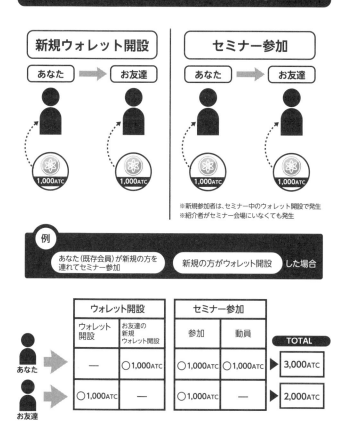

さらに、Ｇクラウドが全国で実施しているセミナー・説明会に参加するだけで、あなたのウォレットに、１０００ＡＴＣを入金します。セミナー・説明会は何度受けていただいても構いません。全国どこでも、参加していただいたその都度、１０００ＡＴＣが入金されます。

すでに口座を開設している方が、新たにお友達を連れてセミナーに参加し、その方が新規にウォレットを開設した場合は、さらにお得です。

１３９ページの図のように、たとえば、既存会員であるあなたが、会員ではないお友達を１人連れてきたとしましょう。

まず、セミナーに参加した時点で、あなたとお友達、両方に１０００ＡＴＣが入金されます。さらに、あなたには、新規メンバー動員のお礼として、１０００ＡＴＣが入金されます。

もしお友達がそこで新規ウォレットを開設した場合、お友達の新規ウォレットの開設のお礼として、あなたに１０００ＡＴＣが入金されます。

お友達のウォレットはどうなっているでしょうか？　まず、セミナー参加のお礼として１０００ＡＴＣが、さらに、新規ウォレット開設のお礼として、１０００ＡＴＣ

が入っていますね。一方あなたのウォレットには、セミナー参加、お友達紹介、お友達新規ウォレット開設の、合計３０００ATCが入金されます。

こうして、あなたには３０００アトムコイン、お友達には２０００アトムコインが入ってくるのです。

繰り返し述べますが、私たちはこのアトムコインを、世界に広く流通し、多くの方々に使われる通貨にしたいと考えています。併せ、Gクラウドのビジネスも多くの方々に知っていただき、理解していただいた上でビジネスに参加してもらいたいと考えています。だからこそ、このようなキャンペーンを実施しているのです。

セミナー参加、新規ウォレットキャンペーンと並んで、そのほかにも様々なキャンペーンの実施を検討しています。これらの取り組みは、ほかの仮想通貨にはない特色であり、参加者にとっては非常にメリットの大きいものといえます。

注意していただきたいのは、当然、キャンペーンは期間があります。Gクラウドへの賛同者、ビジネスメンバーが揃った時点で、終了する、あるいは別のキャンペーンに変更する可能性もあるかもしれません。かならず、現在どのようなキャンペーンが行われているか確認の上でご参加いただければと思います。

管理サイトにログインする

管理画面ログイン方法とＴＯＰ画面

では、ウォレットに貯まったアトムコインをどう使うのかを具体的に説明していきましょう。

http://g-cloud-coin.com/Member/top.php にログインしますと、左図のように、ＩＤとパスワードを求められます。ここで、新規開設時に設定されたＩＤとパスワードを入力します。すると、１４５ページの図のような画面が出てきます。

ＴＯＰページには、以下のような情報が掲載されています。

アトムコインのウォレット・ログイン画面

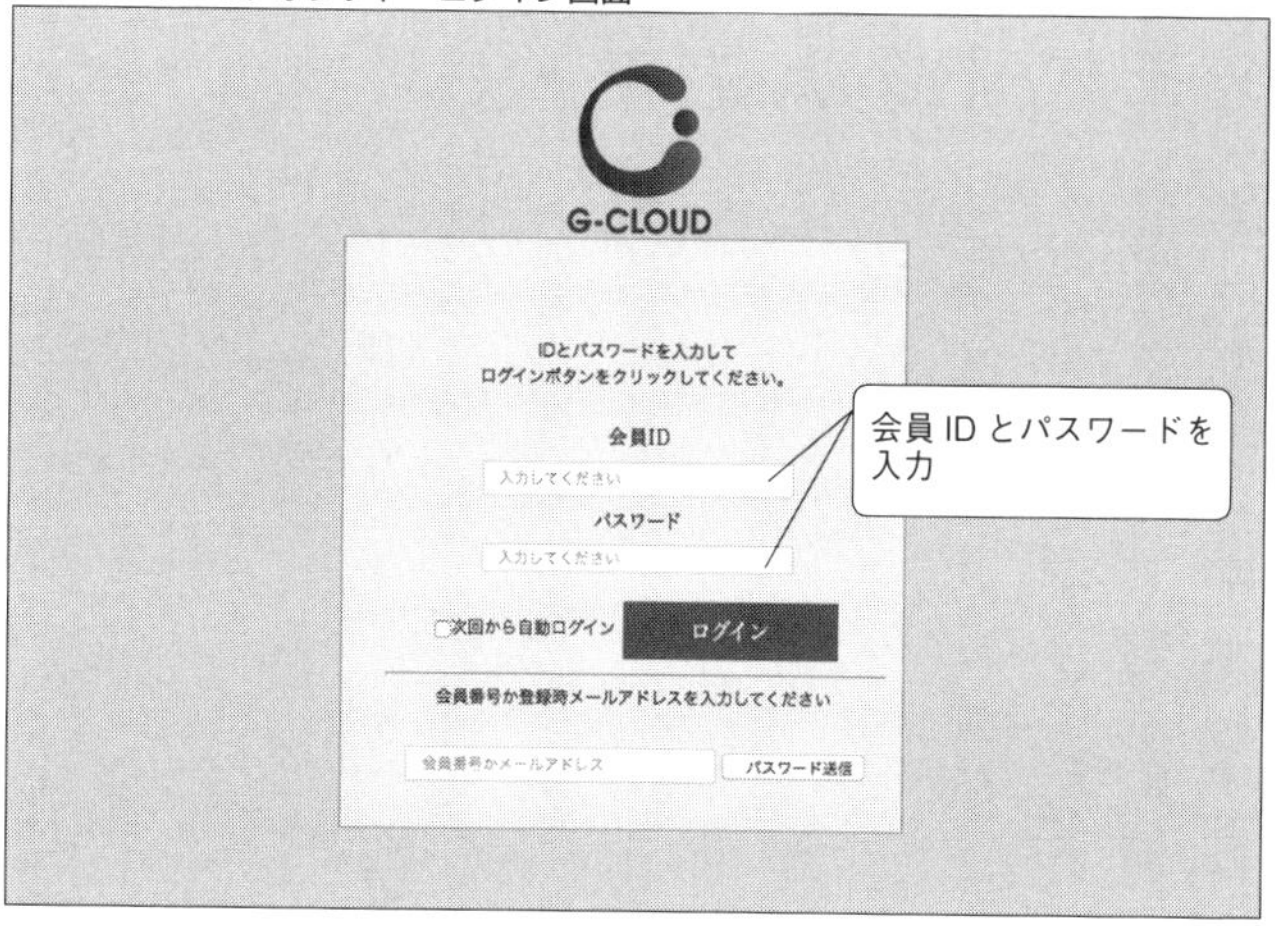

本部からのお知らせ

　Gクラウドが発信する各種キャンペーン情報や、開催予定のイベント情報などのお知らせ、事業のなかでメンバーに知らせたい有益なマーケティング情報があるときに、ここで告知を行います。また、メンテナンスなど、システム上の告知事項がある場合には、それらに関するアナウンスがここに掲載されます。

登録情報概要

　あなたの会員番号、氏名、ニックネーム、紹介者、ランク、タイトル、保有アトムコイン数が掲載されます。

受給可能ATC、NEXT RANK、必要ATC

くわしくは１５７ページ以降で解説しますが、Ｇクラウドのマーケティングプランには、購入したアトムコインが自動的に増えていく「コインツリー」というシステムを用意しています。ここにはこのコインツリーがお金を増やす「自己受給」という仕組みについての情報が記載されています。

「総受給可能ＡＴＣ」は、毎日お金を落としてくれるコインツリーから、今いくら獲得できているのか、「受給可能上限ＡＴＣ」は、現在保持しているコインツリーで、いくらまで受給可能なのかを示します。「現受給可能制限」は、上限のうちの、現在獲得できているアトムコインの割合を示しています。１００パーセントになるまで、コインツリーはお金を落としてくれます。

そのほか、左側にあるカラムには、あとのページで解説する入金や送信などの手続きを行うウォレットページや、現在のコインツリーのランクと、ランクアップの条件を知るページへのリンクが記載されています。

また、今回のＧクラウド事業をお友達に紹介する際に必要な概要資料、マーケティング資料や、紹介動画が見られるページへのリンクも記載されています。

アトムコインのウォレット・TOP 画面

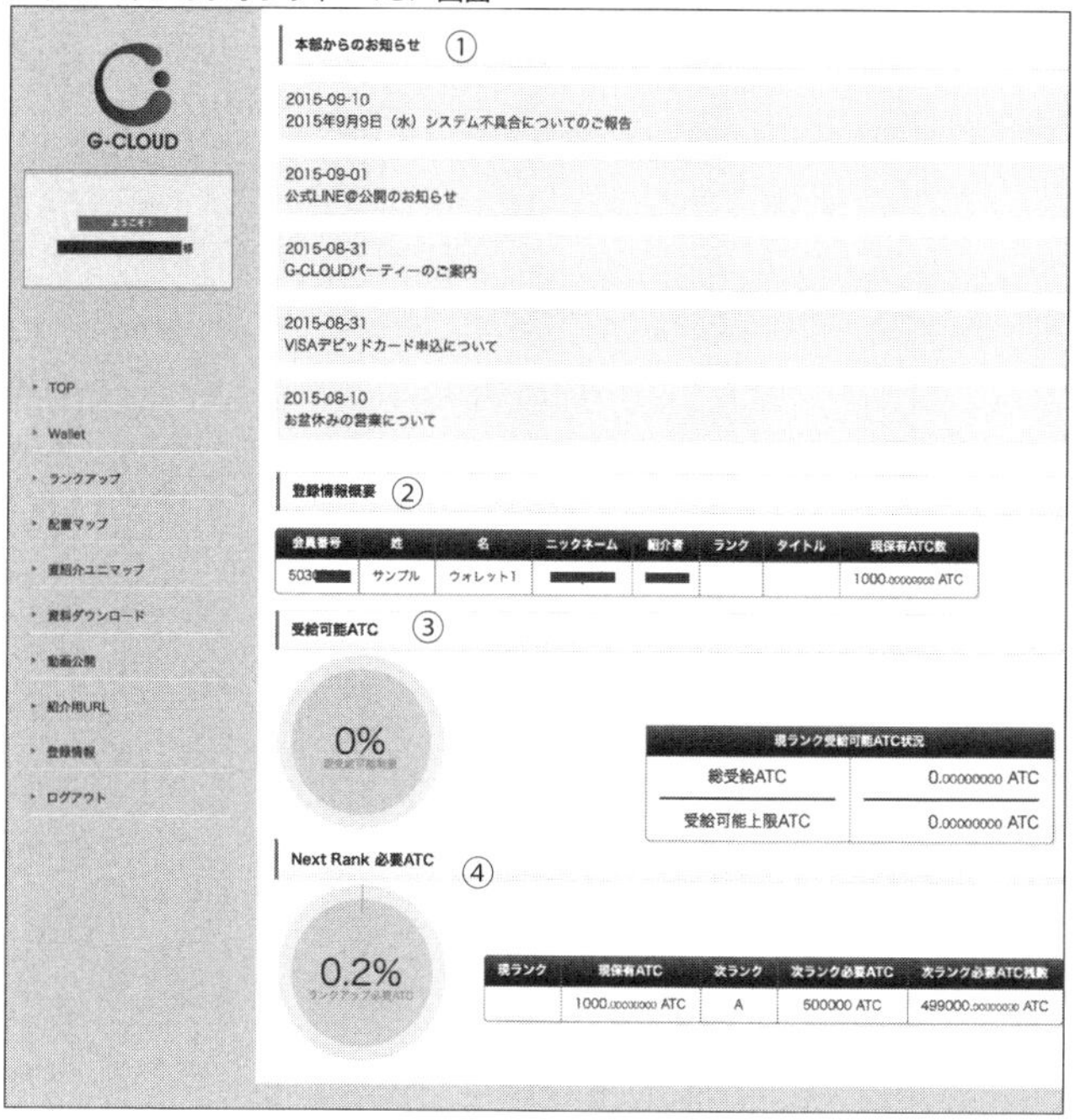

①「本部からのお知らせ」
②「登録情報概要」
③「受給可能アトムコイン」
④「NEXT RANK 必要アトムコイン」

アトムコインを売却する

次に、保有しているアトムコインを売却し、現金に換える手順を見ていきます。

TOPページ左カラムの「wallet」というリンクをクリックすると、148ページの図のような画面に移動します。

最上段にはアトムコインの残高が表示され、続いて、アトムコインの入手経路やランクなど、現時点でのあなたのステータスが表示されます。そして、画面下段には、取引ごとの明細が記帳されます。いわば、ウェブ上での預金通帳明細のようなものとお考えいただければ結構でしょう。

最上段のアトムコイン残高の左側に「売却」というボタンがあります。これを押すと、149ページの図のような売却申請用のページに移動します。

ここに、現在の買い取りレートが書いてあります。149ページの図の段階であれば、1ATCあたり0・81円。これで、直接ALIが買い取りをしてくれます。ここ

アトムコインを売却する

に出金したいアトムコイン数と、出金先の銀行口座の情報を入力し、「売却」アイコンをクリックすれば完了です。

出金先は、日本のすべての銀行口座で可能です。海外口座の場合でも、ＳＷＩＦＴコード（世界で認証された銀行固有コード）を入力すれば、海外口座にも問題なく出金できます（現在、郵便局だけが取引できません）。

また、このウォレットから、前述のマザーバンクに直接デポジットできるシステムもあります。これを活用するためには、実際に申し込みをしていただいて、マザープロスカードを発行する必要があります。

ATOMCOIN

MY Wallet 画面

My Wallet

残高：**232,849.**46236408 ATC　売却

	name	ATOM COIN
Entry 2015-04-15 14:53:12	受給ATC	232,849.46 ATC
Rank B	現ランク受給上限	2,000,000 ATC

ボーナス受給合計

ボーナス受給合計		コミッション受給合計	
自己受給	231,849.46 ATC	直接売上	ATC
差額	ATC	グループ売上	ATC
グループ	ATC	キャンペーン	1,000.00 ATC
		調整分	0.00 ATC
合計	231,849.46 ATC	合計	1,000.00 ATC

タイトル	系列会員番号	系列ニックネーム	系列ランク	系列順位	系列累積売上	系列当月売上	系列ポジション	EXEポジション

データがありません

< [1] 2 3 4 5 6 7 8 >

期間指定 ～ 絞込 リセット

日付▼	時間	入金		出金		件数	残高
		項目	ATC	項目	ATC		
2015-10-12	06:00:01	自己受給	322.58			1	232,849.46
2015-10-12	00:00:01	自己受給	322.58			1	232,526.88
2015-10-11	18:00:01	自己受給	322.58			1	232,204.30
2015-10-11	12:00:01	自己受給	322.58			1	231,881.72
2015-10-11	06:00:01	自己受給	322.58			1	231,559.13

My Wallet

残高：**232,849.**46236408 ATC　売却

「売却」アイコンをクリック

	name
Entry 201	受給ATC
Rank B	現ランク受給上

ボーナス受給合計

ボーナス受給合計	
自己受給	231,849.46 ATC
差額	ATC

売却申請画面

売却申請
残高：232849.46236408 ATC
現在のレート：1 ATC = 0.81円
売却は円換算で5,000円以上相当のATCのみ可能です
ATC
国内口座
銀行名
支店名
口座種類
口座番号
口座名義
海外口座
銀行名
銀行住所
銀行所在地国名
SWIFT(BIC)Code
口座種類
口座番号
受取人名
受取人住所
売却
売却するアトムコイン数と、出金口座情報を入力し、「売却」アイコンをクリック

アトムコインを購入する

すでにウォレットを開設している人が、新たにアトムコインを購入したい場合は、次の手順で行います。まずは、ＴＯＰページ左カラムの「ＡＴＣ購入」をクリックすると、１５１ページの下図のような画面に移動します。

上段には、現在のコインツリーの保有アトムコイン数と、コインツリーランクアップ（１５７ページ）までの不足アトムコイン数が表示されています。この不足分を埋める金額単位か、あるいは下段に表示されているような口単位での購入ができます。口単位での購入は一口50万ＡＴＣとなっています（２０１５年10月現在）。

ここで「購入する」アイコンをクリックすると、１５２ページのような確認表示がされます。問題なければ「ＯＫ」「購入」アイコンをクリックして、購入完了です。

２０１７年4月に一般販売を始めますが、それより前には、もっと小単位での購入もできるような仕組みにする予定です。その際には、この購入画面も更新されます。

アトムコインを購入する

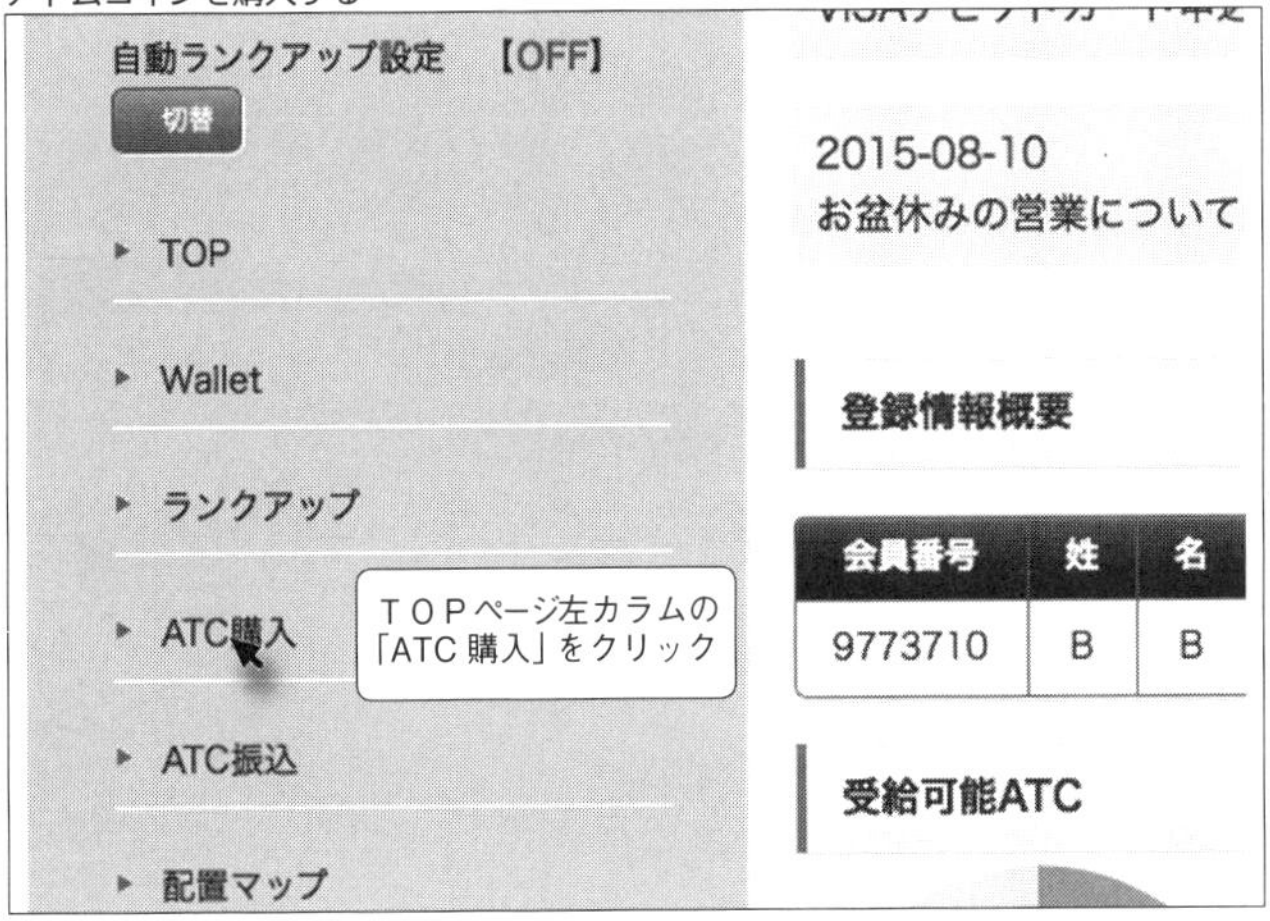

アトムコイン購入画面

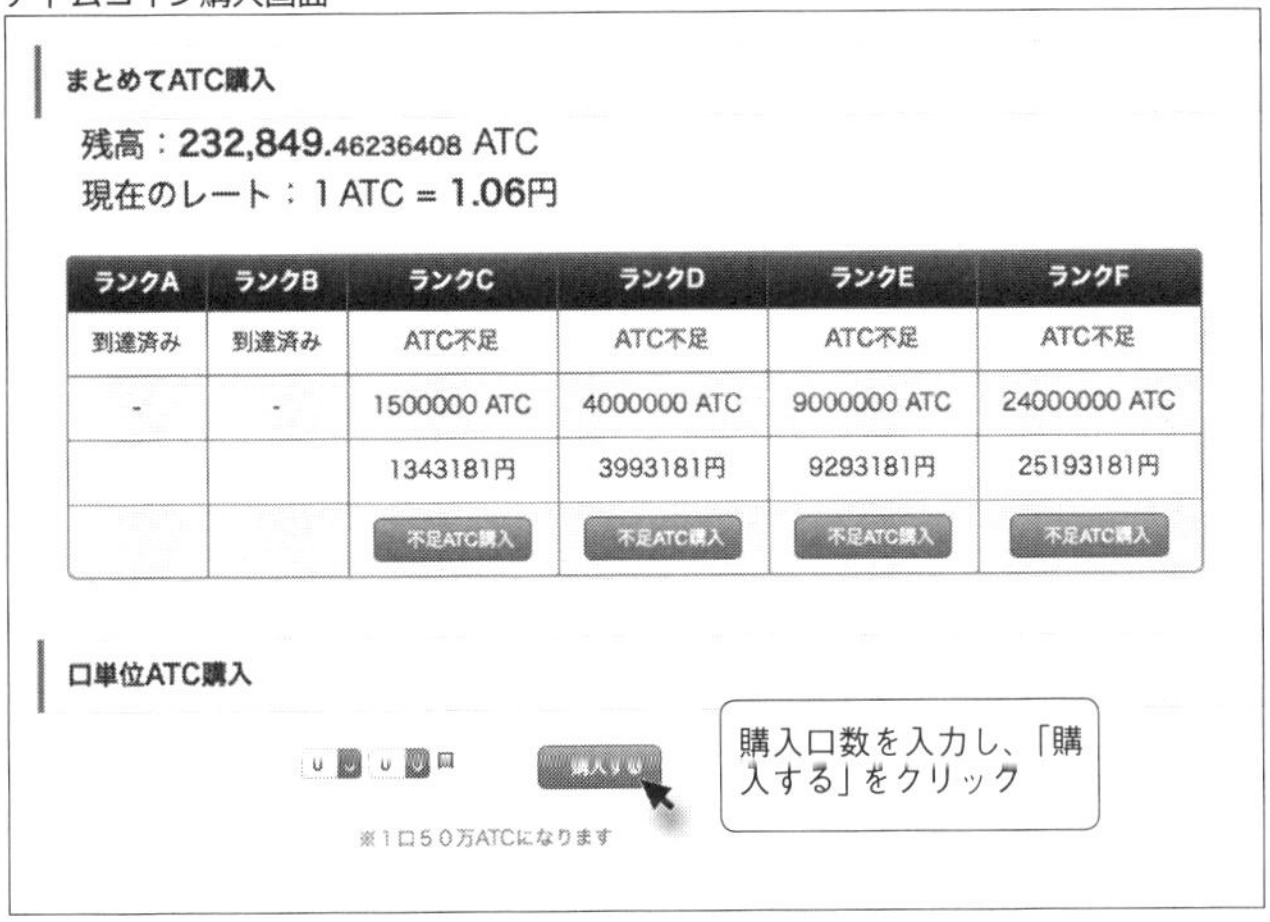

アトムコイン購入画面②

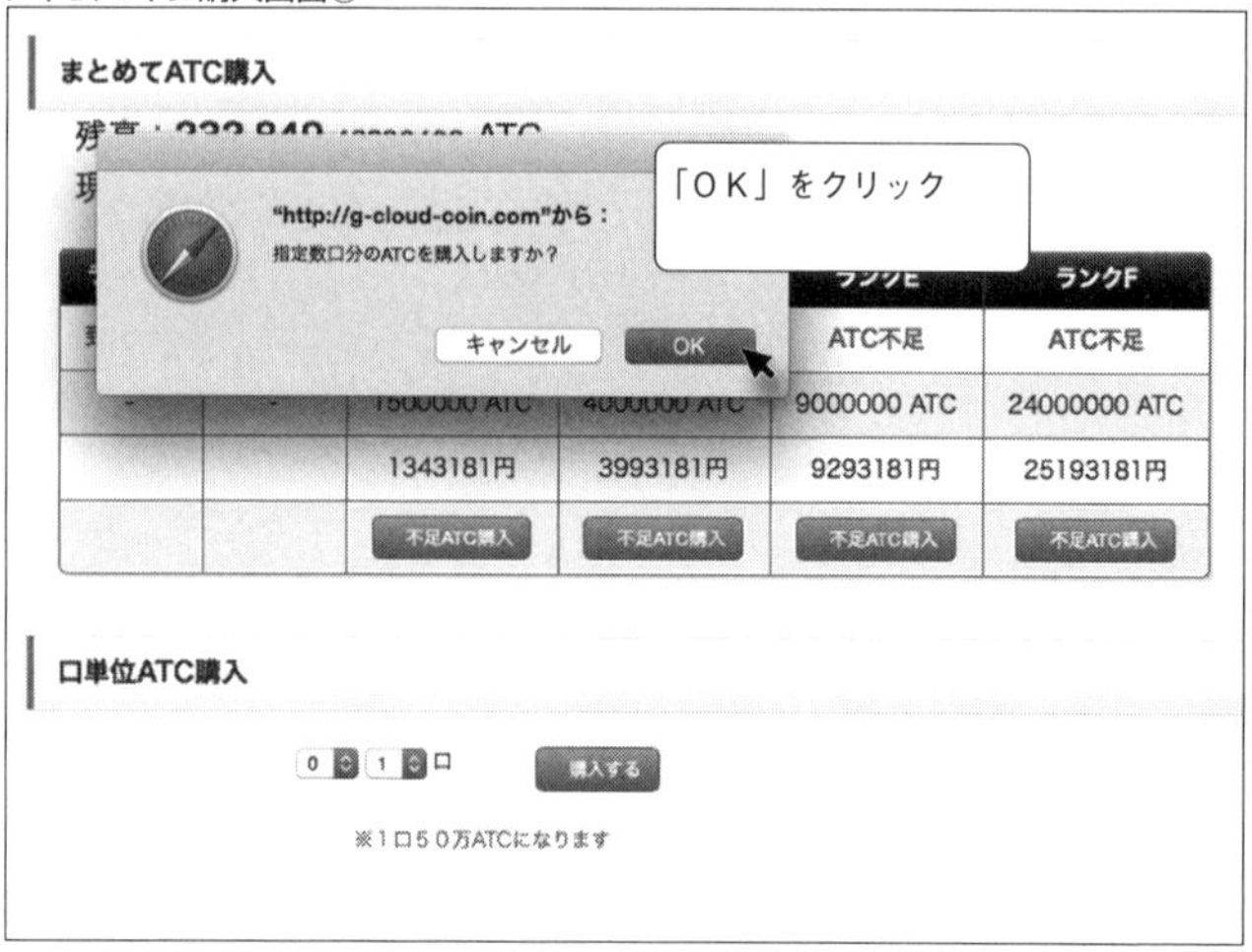

アトムコイン購入画面③

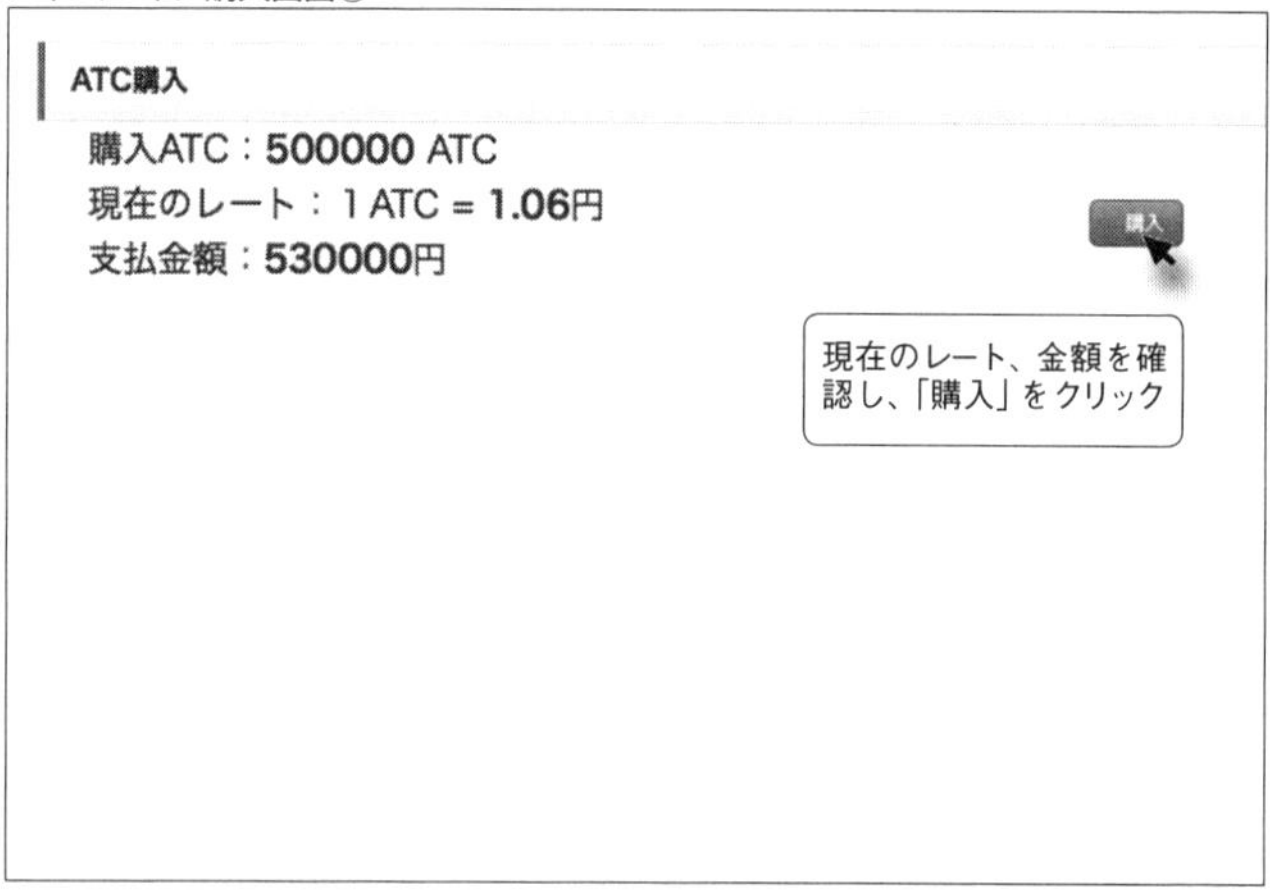

アトムコインを友達に送信する

アトムコインを会員同士でやりとりする場合は、次のような手順で行います。ＴＯＰページ左カラムの「ＡＴＣ振込」をクリックすると、１５４ページ下図のような画面に移動します。ここで、送信する相手の会員番号と、アトムコイン数を入力し、確認を押すと、送信先、送信金額が表示されるので、問題がなければ送金を押します。

間違えて送ってしまった場合でも、訂正が可能です。カスタマーセンターに連絡すれば、本人確認等手続きを経て、アトムコインが返還されます。

セキュリティについては、ＡＬＩが万全の体制で管理しています。ＩＤとパスワードがあれば、他人でもログインできますので、注意が必要ですが、やりとりはお互いのウォレット上で行われるので、もし問題が発生しても、誰が誰に送ったか追跡可能です。万が一の場合でも、こうして原因を特定できるのは、匿名での取引であるビットコインと異なる点だといえます。

アトムコインを友達に送信する

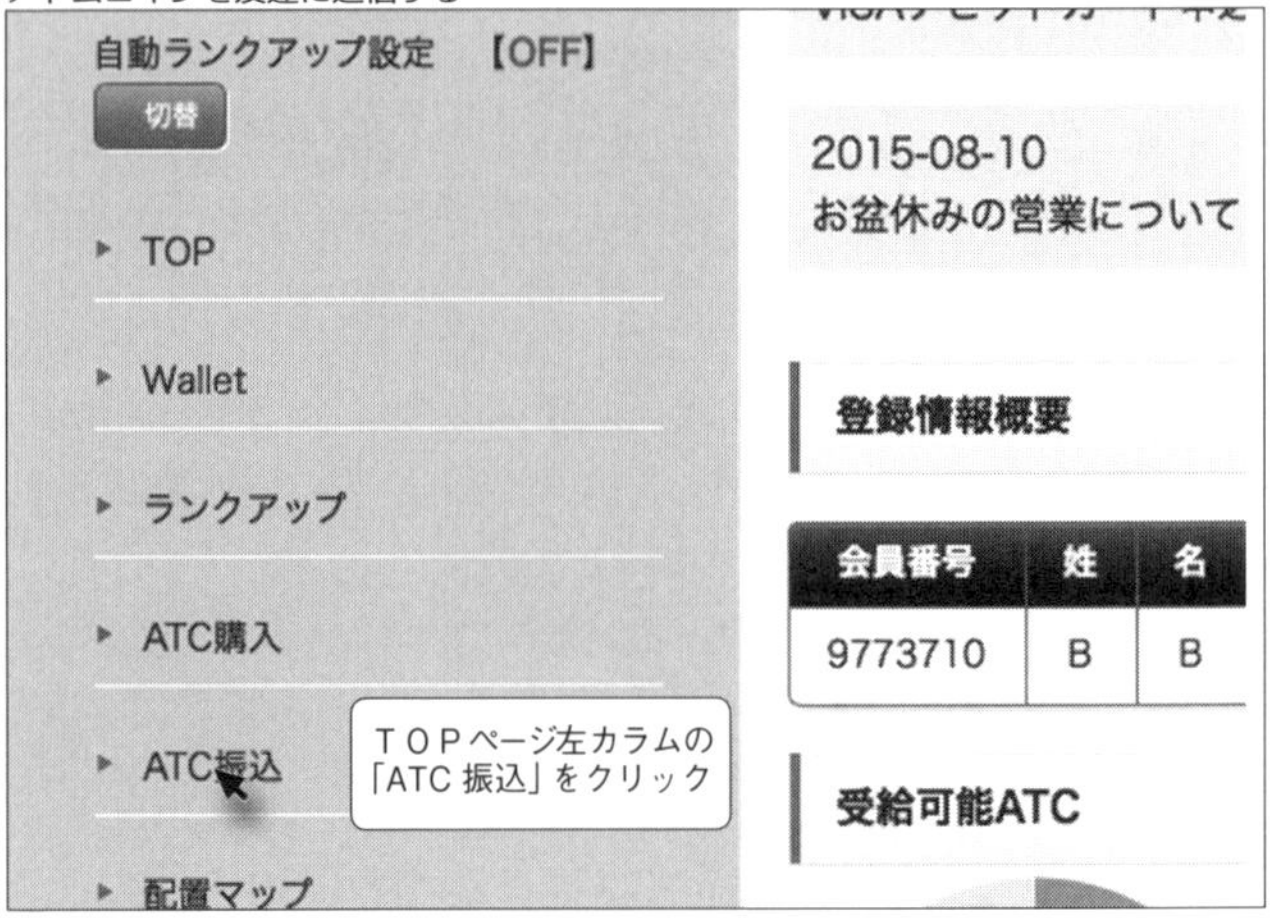

アトムコイン振込み画面

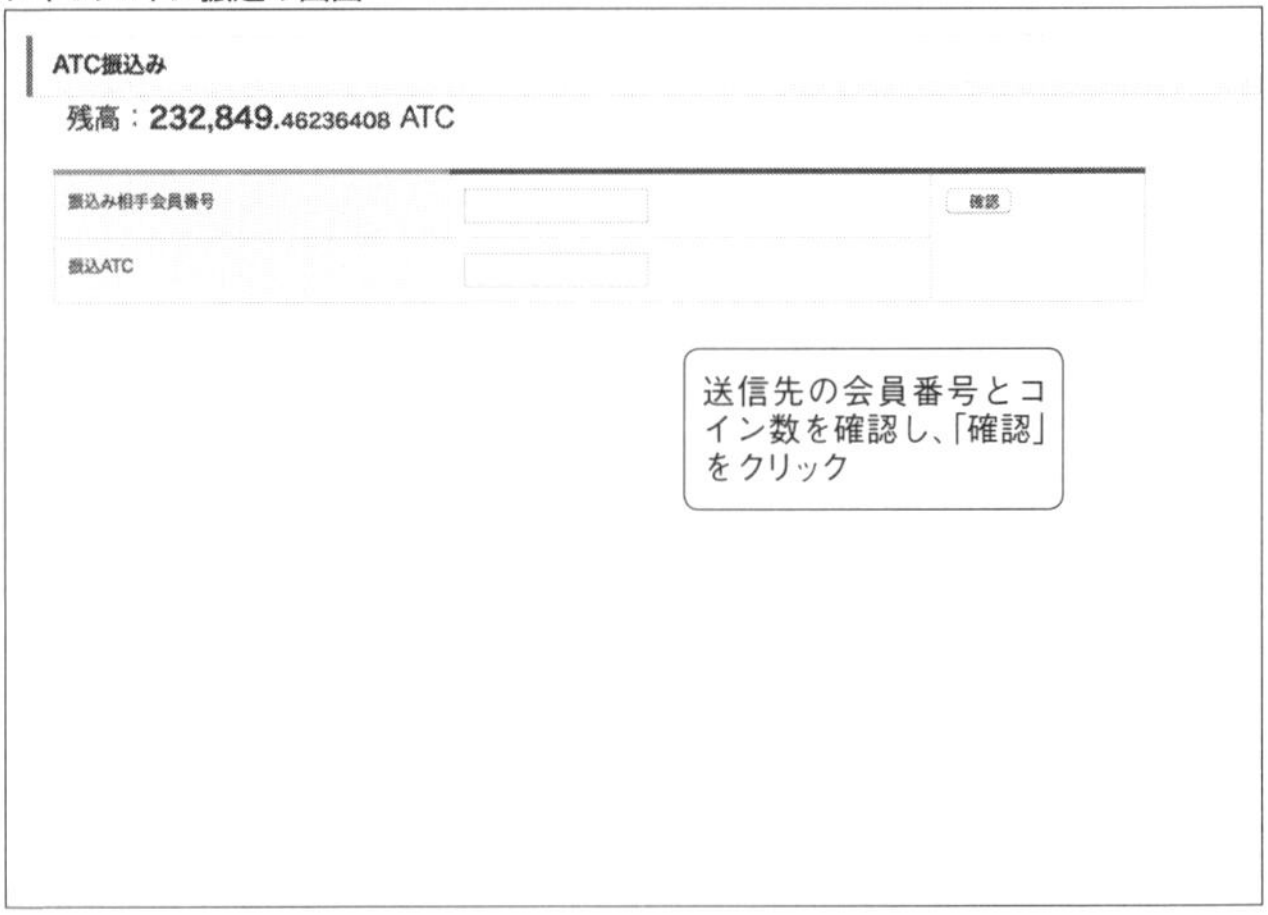

アトムコインが使えるお店

コインが発展すれば自ずと使用範囲は広がる

第２章で述べたように、アトムコインが売買できるコインストアを博多にオープンする予定ですが、たとえばアトムコイン決済専用の機器を設置するような形で、全国のお店で取り扱えるようにという普及方法は、現在のところ考えていません。なぜなら、世界３８１０万以上の店舗で使えるような仕組みをすでに構築しているからです。

また、アトムコイン専用のＡＴＭを開発し設置することも考えておりません。もちろん、あった方が便利ですが、アトムコインが世界に名を轟かせ、多くの人が使うようになれば、アトムコインだけではなく様々な仮想通貨を出金できるようなＡＴＭを、当社でなくとも、どこかが開発し始めるだろうと考えるからです。

Gクラウドインセンティブの仕組み

2本の柱で構成

これまで説明したように、Gクラウドは、アトムコインと事業をこれから拡大していくために協力してくださったビジネスメンバーに、インセンティブという形で、お手元のアトムコインをさらに増やしていただけるような仕組みを準備しています。

左の図がその仕組みの概要です。大別すると、毎月発生する3つの「オートボーナス」と、購入者を紹介したときに発生する「セールスコミッション」に分かれます。

それぞれの詳細を全部解説するには、少々誌面を割きますので、別の機会に知っていただくとして、本書ではこのなかの「オートボーナス」のうち、「自己受給」の仕組みについて解説したいと思います。

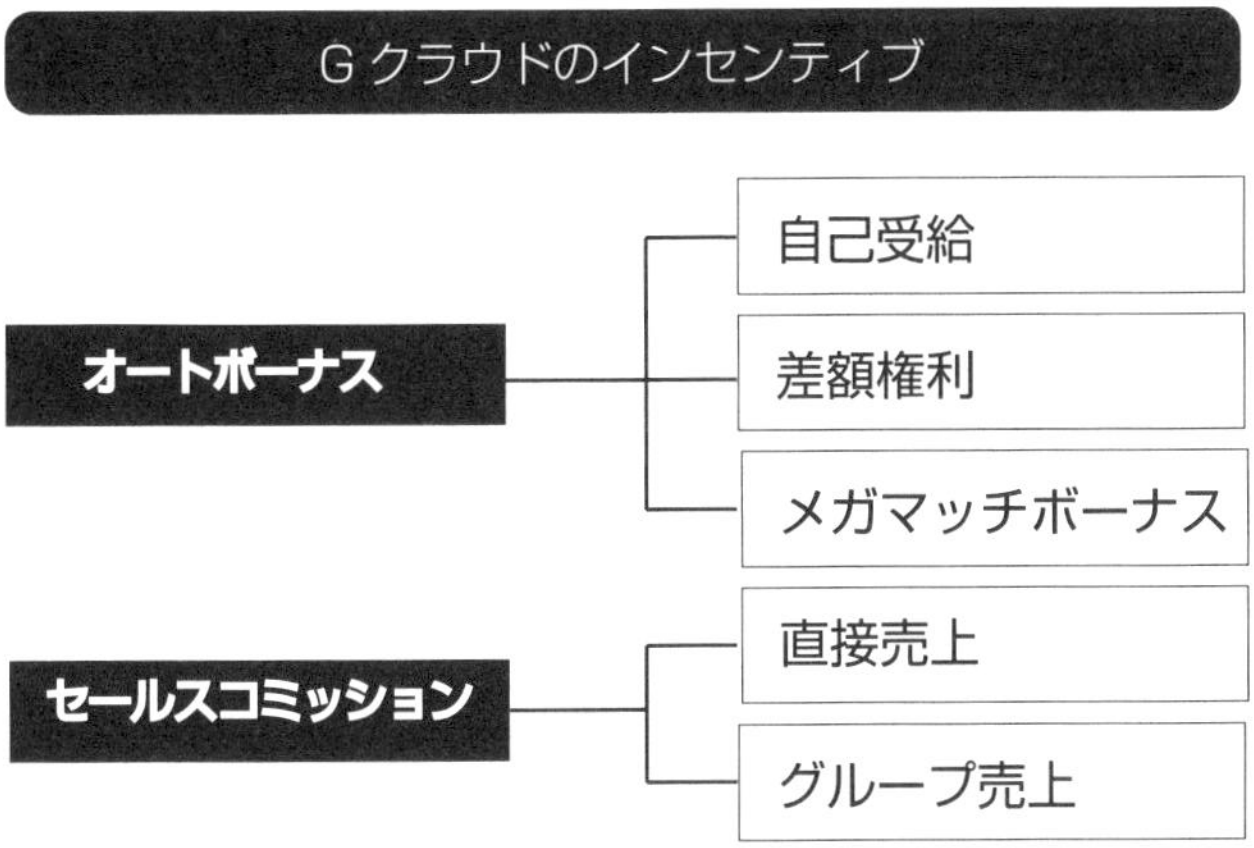

自己受給の仕組み

オートボーナスには、「自己受給」「差額権利」「メガマッチボーナス」の3種類がありますが、まずはその仕組みを説明する前に、A～Fランクからなる「コインツリー（金のなる木）」の概念を説明しておきましょう。

Gクラウドに参加するには、アトムコインのなる木を購入します。ここでは、コインツリーと呼ぶことにします。

AランクからFランク。6つあるコインツリーのランクに応じて、あなたのランクが決まります。Aから順に、ランクが高くなるにつれ、購入金額も高くなります。

たとえば、Ａランクなら50万ＡＴＣ、Ｂランクなら１００万ＡＴＣという具合です。左図を見てください。このように、ＡランクからＦランクまでのアトムコインが成る木を買うというイメージです。

１日に４回、６時間ごとにコインツリーがアトムコインをあなたのウォレットに落としてくれます。深夜０時、朝の６時、正午12時と、夕方18時の合計４回です。こうして発生する利益が自己受給と呼ばれるものです。

たとえば、Ａランクのコインツリーを保有していたとしましょう。落としてくれる金額は、月間でコインツリーの購入アトムコイン数の３パーセント分です。これを１日４回ですから、月を30日で計算すると、50万×３パーセント割る１２０回ですから、１回につき１２５ＡＴＣになりますね。１日４回ですから５００ＡＴＣ。これは登録完了の３日後から毎日発生します。

ランクの高いコインツリーの方が、より多く、より早くコインを落としてくれます。落としたコインはあなたのウォレットに届きます。

ただし、コインツリーには寿命があります。購入したアトムコイン数の倍までコイ

コインツリーのランク

	アトムコイン数 （単位：ATC）	自己受給 / 月
A ランク	500,000	3%
B ランク	1,000,000	4%
C ランク	2,500,000	5%
D ランク	5,000,000	6%
E ランク	10,000,000	6.5%
F ランク	25,000,000	7%

ンを落とすと、コインツリーは枯れてしまいます。Ａランクのコインツリーでいうと、50万ＡＴＣの倍、１００万ＡＴＣです。枯れてしまうとコインはもらえなくなります。

その際、同じランクのコインツリーを再度購入することも可能で、枯れる前にランクアップすることも可能です。

たとえば、Ａランクのコインツリーをもっていた場合、Ｂランクのコインツリーは１００万ＡＴＣですが、すでに50万ＡＴＣは支払済みとしてカウントされるため、差額の50万ＡＴＣを支払うことでＢランクへランクアップが可能です。

Ａランクのコインツリーが枯れてしまったときの場合を考えると、同じ追加50万アトムコインを払うなら、再度Ａランクのコインツリーを買うよりも、より多くのコインを落としてくれるＢランクのツリーを手に入れた方が有利です。

では、Ｂランクのコインツリーが枯れてしまった場合はどうでしょう？　Ｃにランクアップするためには１５０ＡＴＣの追加が必要です。払える人はそれでよいのですが、払えるアトムコインが１００万ＡＴＣしかない人もいるでしょう。その場合には再度Ｂランクのコインツリーを買うということもできるのです。また、50万ＡＴＣ払って、再度Ａランクのコインツリーを買うこともできます。

自己受給ボーナスの仕組み

アトムコインが 6時間ごとに 1日4回 受け取れます！

A ランクのツリーの場合(500,000ATC)

1,000,000ATC になるとツリーは枯れてしまう。

自動で利益を生む

２０１７年４月から１ＡＴＣ１・24円で一般販売がスタートする予定です。アトムコインを買うときも売るときも、年利12パーセントの上昇率が定められています。つまり、アトムコインの価値は、月に０・01円上がっていくのです。

たとえばＢランクのコインツリーをもっていた場合、自己受給により毎月４万ＡＴＣが届きます。毎月もらう自己受給分のアトムコインを毎月売るとすると、２０１６年１月は０・84円で買い取ってくれるので３万３６００円、２月は０・85円で買い取ってくれるので３万４０００円、３月は０・86円で買い取ってくれるので３万４４００円、４月は０・87円で買い取ってくれるので３万４８００円。５月は０・88円で買い取ってくれるので３万５２００円。６月は０・89円で買い取ってくれるので３万５６００円と、保有するだけで利益が生まれることが分かります。

コイン価格

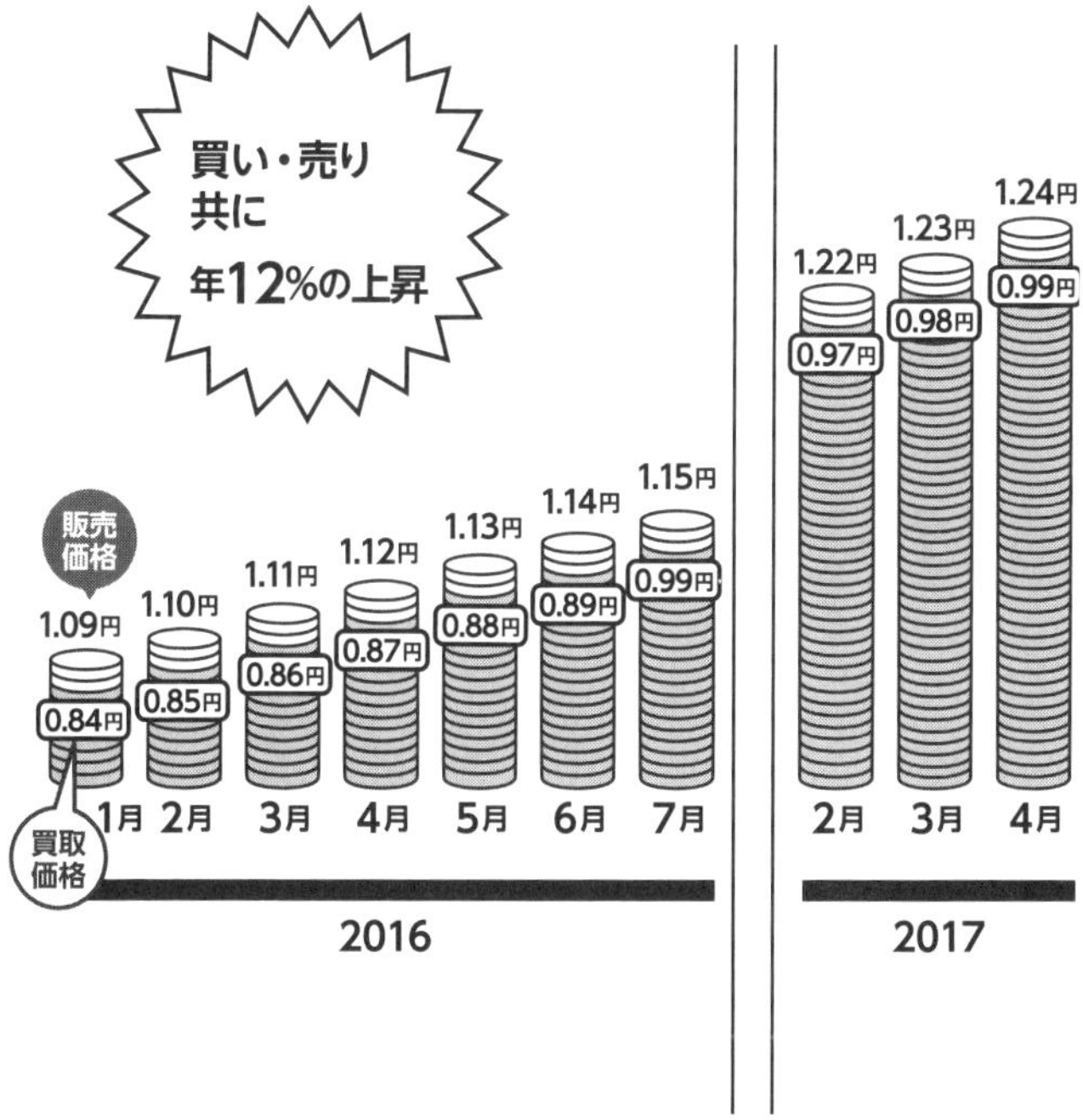

買い・売り
共に
年12%の上昇
販売
価格
買取
価格
1.09円
0.84円
1.10円
0.85円
1.11円
0.86円
1.12円
0.87円
1.13円
0.88円
1.14円
0.89円
1.15円
0.99円
1.22円
0.97円
1.23円
0.98円
1.24円
0.99円
1月 2月 3月 4月 5月 6月 7月
2月 3月 4月
2016
2017

第4章　メンバーは語るアトムコインの魅力

ATOMCOIN

資産形成に生かしていけるのが楽しみ

Kさん（64歳　男性）

――まず、お仕事は？

K　自営業で、もともと飲食店や、FCチェーンのフランチャイズ店を経営してきました。現在は、商品の流通関連の仕事や、金融関連の仕事をしています。

――Gクラウドを知ったきっかけは？

K　知人の紹介です。まだ一般には公開されていない面白い取り組みがあるので話を聞いてみませんか？　ということでお話を伺いました。

――はじめはどんな印象だったのでしょうか？

A　実は、Gクラウドの事業説明を聞くまでは、どういうことをやるのかよくイメージがつかめませんでしたが、説明を聞き、世界で、そして日本で、仮想通貨がどのように動いているのか、またアトムコインがどのようなものかもよく分かりました。仮想通貨のことが理解できると、Gクラウドが事業としてやろうとしていることもだんだん分かってきて、非常に面白いと思えるようになりました。

――事業としてGクラウドが面白いと思われたポイントは何ですか？

K　一番大きなポイントは、新しいアトムコインという仮想通貨をベースとした事業として成功していくという、それまでにない新しい事業モデルですね。知人とは「株のストックオプションの仕組みに非常に似ているよね」と話しています。アトムコインをメンバーがまず保有し、Gクラウドとして事業を展開し、メンバーさんはそのサポーターとして、Ｇクラウドの事業を一緒に支援して、価値を上げていく。そして市場に出していく……というところが、会社が創立してから、創立メンバー、事業に携わった人たちが協力して市場に出し株の評価を上げ、そのストックオプションとして利益に還元されるという仕組みに似ています。これまでの仮想通貨にはない、とても面白い視点だと思いました。

――参加されて、ほかのメンバーの方と触れ合うと思いますが、どのような空気を感じましたか？

Ｋ　みんなこの事業に期待をしていますよね。ゲームの会社と提携して事業を展開していくことでの収益なども見込めます。Ｇクラウドが提供していくゲームが全世界のたくさんの人に遊んでもらえ、そこに自分たちが関わっているというのは非常にワクワクするところだと思います。やっぱり時代のニーズに合っていると思いますし。

――話が戻るのですが、仮想通貨に対するイメージはどういうものでしたか？

Ｋ　仮想通貨は世の中に必要だという認識は広がってきてはいますが、実際になされているのは仮想通貨の売買ばかりです。世界中にある多くの仮想通貨の会社の目的は、仮想通貨をつくって売買で利益をあげていこうという、そういうものです。仮想通貨をベースにして、事業で、そしてパートナーシップでメンバーと共に通貨を育てていく、という部分のものはあまりないように思えます。

――ご友人、知り合いにＧクラウドを紹介されていると思うのですが、みなさんどのような反応でしょうか？

Ｋ　私が知人に紹介する際には、まずはインターネットなどで仮想通貨について調べてきてください、とお話ししています。そうすると、すでに様々な仮想通貨が世に出ていて、儲かったなどという話が見つかります。そういう前提知識を知ってもらって参加してもらっています。それでも最初はまったく分からないですね。でも聞いている間にだんだん「あ〜、そうなんだな」とその魅力を理解してくれています。

——この事業に参画されて、将来的に叶えたい夢みたいなものがあれば。

K　Gクラウドの一番いいところは、資産形成としても魅力的なところです。生活するためのお金、残すお金、そして自由に使えるお金を生み出す、いわゆるライフプランの設計がGクラウドに取り組むことで可能になるということです。これからの日本は、個人年金は自分でつくるという形じゃないと成り立たないと思うんです。だからライフプランの設計のなかに資産を増やす仕組みを取り入れて、資産を増やしていきながら、かつ充実した生活を送る、そんな生活がGクラウドで実現できるといいなと思っています。個人的には海外で半分、日本で半分。そういう生活が実現できるといいですね。世界は広いから、日本にももちろんよさはあるんだけど、日本と世界と、両方感じていたいというかね。私自身はそう夢見ています。

――「ここがもっとこうなればいいのに」という改善点は？

K　投資家の立場でいうと、もっともっとたくさんの会員数が増えるといいですよね。アトムコイン自身も、もっと多くの人に保有してもらいたいですし、ゲームの世界でもたくさんのユーザーに参加してもらいたいですね。我々はやっぱりGクラウドのパートナーとしての存在なので、そこにファンをたくさん、どのくらいつくるかという視点です。Gクラウドの事業本体と、パートナーのメンバーさん、ユーザーさんも含めて、みんなで力を合わせて、世界各国に何十万人という会員さんを育てられればいいなと思っています。

――はじめてGクラウドに参加される方に向けて、始められて難しい点、簡単だった点など、アドバイスはありますか？

K　やっぱり仮想通貨がはじめてという方は、どなたでも疑心暗鬼ですよね。日本では特にネガティブな報道などもあったものですから、「ビットコインも終わっちゃったんじゃないの？」って思われている方も少なくないと思います。でも現実は違いますよね。所有者が少ないし、少ないから獲得できる情報も少ないし、だから正しい知識がまだみなさんの手元に届ききっていない、という状況はあると思うのです。先ほどお話しした投機的な目的の場合もそうですが、正しい知識をもてずに流通してしまうと、それに関わるいろんな事件が起きてきますしね。そうすると政府も規制しなければならなくなる。そういうことが起きないように、できるだけ正しい情報を提供していって、仮想通貨に対する誤解が少しでもなくなれば、と思っています。

――口座の開設、ウォレットへの入金、引き出しなどは、初心者でもできる？

K　簡単です。仲間で、お互いにウォレットをもっていれば、たとえば極端な話、今日飲み会をやったとして、一人の会費が４０００円だったとしますよね。参加者がみんなアトムコインのウォレットをもっていれば、「今日の会費４０００アトムコインね。私が幹事やるから、４０００アトムコイン振り込んで」っていえば、即座に４０００アトムコインずつ振り込まれる。そんな決済もできるわけです。私もある商品をアトムコイン決済で購入しましたが、ほんと瞬時でした。慣れれば、利便性は本当に高いです。

――では最後に、今やろうか、やるまいかと迷っている方に一言お願いします。

K　仮想通貨のことを知るチャンスでもあるし、世界のなかでいろんな動きがあるということも、経済的な動きも、それから世界の動きもいろんな動きも知っておいた方がいいんじゃないかな。知った上でこのGクラウドがやろうとすることを理解して、そのときには積極的に参加した方がいい。参加してそこでいろいろ知った方がはるかに将来は可能性が開けると思いますね。世界の時代の流れのなかで、仮想通貨という技術の発明は、どこの優秀なエンジニア、天才的なエンジニアに聞いても、革命的だといいます。これほどの革新的な技術というのは今までにないかもしれません。仮想通貨とはそういうものなので、世界の動きや流れを知る上でも、参加された方がいいと思います。

ATOMCOIN

アトムコインで車を買いたい！

Oさん（40歳　女性）

――まず、お仕事は何か教えていただけますか？

O　インターネット上のコンテンツを広げていくためのマーケティングの仕事、ポータルサイト的なものであったりとか、Eマーケティングですね。そこで、様々な商材のプロモーションする仕事などを10年間ぐらいやっています。

――これまでに、仮想通貨は買われたことはありましたか？

O　ビットコイン、リップルなどは以前からもってました。それらに関しては完全に投機目的です。これから先、確実に伸びしろがある分野はこの分野だろうなと思いまして、実験的に保有したという形です。

――ほかの仮想通貨とアトムコインの違いですとか、アトムコインに魅力を感じたところは？

Ｏ　まず、今日本全国で、ビットコインをはじめいろんな通貨、新しい通貨をビジネス展開しようとしている人が多いのですが、たくさんのお誘いを受け、実際いろんなビジネスセミナーも聴講しましたが、仮想通貨を手にしてから、売却まで含めたところまでで、ちゃんと経済的にアドバンテージがありますよという面を説明できるプランはほとんどないんですね。基本的には、「今は安いから、安いうちに買っておけば、将来絶対値上がりしますよ」という、いって見れば射幸心を煽るような感じの話が99パーセントです。アトムコインがほかの仮想通貨と違って非常に分かりやすかった部分というのは、ＡＬＩが買い取り価格をきっちり設定していて、しかもそれが年間12パーセント、確実に上がっていきますよという点。そして売却に関しても、個人間の相対取引じゃなくて、すべてＡＬＩで買い取りをいたします、という点が非常に明快で安心だったというところがありますね。

——なるほど。出口までがしっかり明確にされていた……

Ｏ　そうですね。一般的な仮想通貨は、たくさんのコインを保有しても、それを実際に売却するときは市場価格にも左右されてしまいますし、すべて相対取引なので、買い手が存在しないと自分が売りたい価格で売れないわけじゃないですか。やはり特殊な人たちの、特殊な分野のビジネスかなという感じはしてましたね、今までは。

——実際に最初にビットコインやリップルを手にされたときに、困られた点ですとか、やってみてこれは違うなと思った点というのは？

Ｏ　こうした仮想通貨は、市場価格ってほぼ決まってない状態なんです。実勢価格に近い形で販売されている方もいれば、とんでもない法外な値段を乗せて販売されている方もいたり。相場があってないようなものです。また、実際に私もいくつか購入したことがありますが、実際は売ったら売りっぱなしで一切フォローもなければ何もないと。そういうサービスが不十分な会社も実際にありました。アトムコインは、ＡＬＩという発行元がしっかりしていて、しかも適正価格がちゃんと決められている。その部分は非常に安心していますね。

――なるほど。

Ｏ　あと、仮想通貨は基本的に、すべてがインターネット上での取引になるわけです。実際にそのパスワードをなくした場合や、たとえば正しく入力したつもりで、もしエラーが出たりすると、どこに問い合わせをしていいのか分からない状態ですし、海外の発行元から出しているものを、日本で再販しているパターンも結構あるじゃないですか。主体がなければそれを問い合わせる部分がないという。そのあたりは、Gクラウドの場合はしっかりしていますね。基本的にこちらからの質問に関しては、放置されたことは一度もありません。多少時間がかかるにしても、すべて何らかの答えを出して、お客様の不利益にならないような形で伝えてくれるというところは非常に心強いですね。

――Gクラウドはゲーム事業に参画されるというところが大きな特徴だと思いますが、実際にゲームも遊んでみられましたか？

O　はい。Gゲームのサンプル版をちょっといじらせてもらいました。面白いですね。誰でも参加できるような感じです。特に今回提供されるもののひとつで、バーチャルカジノという、ストリーミング配信を使って、実際のカジノのディーラーさんと対面でカジノができるというシステムがあります。これにはかなり感動しましたね。本当にリアルタイムで運営されているのかどうかというのを確認するために、ストリーミング配信されるカジノの卓上にモニターがあって、そこに書いてある電話番号に自分の個人携帯から電話するわけですよ。そうすると、繋がるとそこの画面上の端末に私の携帯電話の下何桁がちゃんと出てくる仕組みになっているんですね。「これ、ちゃんとリアルタイムで運営されているんだ」と。こちらから「ハロー」と入力すると、ちゃんとディーラーさんが手を振ってくれたり（笑）。

――アトムコイン自体を貨幣として使用するシーンについて伺いますが、カードでお店でも決済できるようになると、その辺の利便性はかなり高そうだと期待されていますか？

O　ものすごく期待しています。出金手段として、単に利用できるということだけではありません。今までだったら、たとえば自分のもってる仮想通貨を現金化しようと思ったときには、先ほどもお話ししましたが相対取引でどこかの取引所のサイトに登録をするか、もしくは個人的に買い手を見つけてこなければならないという点で非常に難しい部分があったんですけれども、アトムコインはウォレットから直接売却できるし、マザーバンクのアカウントに直接デポジットすれば直接カードで決済できるので、非常に便利ですよね。私自身はアトムコインで車を買ってみたいですね。

――車も買えるんですか。

O　採用されているカードっていうのが、一応デポジットするタイプのカードなので、入れいてる金額までは多分使えると思うんですよね。ですからちょっと試してみたいなと思ってます。

――今後アトムコインの価値が上がり、流通も増えて、事業も育ち、多くのリターンが返ってくると思います。将来の夢はありますか？

O　そこに関しては、まだ明確なビジョンはもててないのですが、自分の時間を使うという意味でのビジネスはこれでもう最後にしようと思ってるんですね。それにふさわしいビジネスとして、今回このGクラウドの事業を選んだわけなんです。アトムコインには国境がないじゃないですか。最終的にはこの仮想通貨の優位性を生かして、アトムコインで資産を保有する、という生活を実現してみたいですね。私、将来的には海外で好きなところで生活したいなという考えももっているんです。それを考えた場合に、今現在で円とかドルに換えてしまうという形じゃなくて、アトムコインならアトムコインという仮想通貨のまま残しておいて、将来世界中どこに行っても使えるという、そこの部分に関しては非常に期待しています。今までのように各国の管理する通貨で保有した場合、これから先の為替相場の変動のリスクはあるわけですからね。アトムコインで保有し、世界中どこでも、アトムコインで決済する、という生活は実現してみたいですね。

――そういう使い方ができるわけですね。

O　そうですね。今、ほとんどの方が考えられている仮想通貨ビジネスというのは、「売却」というところをメインに考えていると思います。コインを買って、将来何円になって戻ってくるかという。しかし、これから先のトレンドを考えても、仮想通貨のまま自分の資産保全をしておくという方法もありなのではないかと思っています。

——最後に、本当に初心者の方で、まだやろうかやるまいか悩んでいる方にアドバイスをお願いします。

O　う〜ん、そうですね。いろいろお話を伺うなかで、一番最初の、コインを保有する金銭的な余裕がないという悩みが一番多いと思います。そこをクリアできる方にとっては、ほぼ負けがないビジネスになっているので、ほとんどの方は迷わないですね。実際には。

——そうでしょうね。

O　話を聞くと、ほとんどの方が自分が出資（購入）したコインで最終的に元が取れるまでに会社がなくなったりしないのか？　ですとか、要は「元が取れるかどうか」という部分をリスクとして考える方が多いと思うんですね。そういう方には、「もし回収できるかどうかという面をリスクとして考えられているのであれば、短期間に回収できる方法を考えられたらどうですか？」と提案しています。というのは、今回マーケティングプランのなかで定められている3パーセント～7パーセントの自己受給率のランクですが、金額が大きければ大きいほど、回収のスピードは速くなるのですね。私は2500万からスタートしたんですが、もちろん資金的な余裕があったというのがひとつありますが、それ以上に、2500万のランクのコインツリーを購入しておくと、7パーセントの受給枠があるので、満額5000万まで到達するのに2年8カ月しかかからないんですよ。自分が出した金額の2500万を回収するのであれば1年4カ月です。50パーセント受給した状態でリスクがなくなっちゃうわけです。

――ありがとうございました。

【著者紹介】
Peter Lam（ペーター・ラン）

1947年中国広東省生まれ。20代よりツアーコンダクターとして世界各国を巡り見聞を広めた後、1975年より香港にて旅行会社を設立し経営サイドに転身。香港という立地を生かし富裕層向けのオフショア金融ツアー、ノミニー設立及びプライベートバンク設立斡旋業にて大成功をおさめる。豊富な金融業界の情報ネットワークを生かし2010年初頭よりいち早く仮想通貨時代の到来を予測、2013年キプロス危機以降急騰するビットコイン市場にて莫大なキャピタルゲインを得ることとなる。

座右の銘は『1人のひらめきが世界を変える!』。

次世代型金融システムのひとつの方向性として、投資対象だけではない『生きた仮想通貨』流通の起こりえる通貨をめざしアトムコインの開発及びGクラウド構想の着手にあたる。2014年 ALPHA LINE International limitedを設立、同社CEOとして現在に至る。

【STAFF】
編集協力　桑田篤（グラシア）
カバーデザイン・DTP　グラシア　http://www.glacia.jp

賢い人からはじめてる、仮想通貨投資術
仮想通貨アトムコインの秘密

2015年12月20日　初版第1刷発行

著者　ペーター・ラン
監訳者　株式会社アドバンス
発行人　牧野智彰
発行所　株式会社LUFTメディアコミュニケーション
〒105-0001 東京都港区虎ノ門1-17-1
虎ノ門5森ビル4F
TEL：03-5510-7725　FAX：03-5510-7726
http://www.atpub.co.jp
印刷・製本　シナノ書籍印刷株式会社

ISBN978-4-906784-33-2 C2034